Speyer – Kleine Stadtgeschichte

Hans Ammerich

Speyer
Kleine Stadtgeschichte

VERLAG FRIEDRICH PUSTET
REGENSBURG

UMSCHLAGMOTIVE
Vorderseite: Vue de la Ville de Spire (Ansicht der Stadt Speyer). – Lithografie von Louis Bleuler, um 1825 (Historisches Museum der Pfalz, BS_0312a, Scan: Ehrenamtsgruppe HMP, Speyer); Rückseite: Blick auf Altstadt und Dom (© Dirk-stock.adobe.com)

**BIBLIOGRAFISCHE INFORMATION DER
DEUTSCHEN NATIONALBIBLIOTHEK**
Die Deutsche Nationalbibliothek verzeichnet diese Publikation in der Deutschen Nationalbibliografie; detaillierte bibliografische Angaben sind im Internet über http://dnb.dnb.de abrufbar.

ISBN 978-3-7917-3086-8
© 2019 by Verlag Friedrich Pustet, Regensburg
Reihen-/Umschlaggestaltung und Layout: Martin Veicht, Regensburg
Satz: Vollnhals Fotosatz, Neustadt a. d. Donau
Druck und Bindung: Friedrich Pustet, Regensburg
Printed in Germany 2019

eISBN 978-3-7917-6165-7 (epub)

Weitere Publikationen aus unserem Programm finden Sie auf www.verlag-pustet.de
Kontakt und Bestellungen unter verlag@pustet.de

Inhalt

Vorwort

Die Stadt Speyer erhält durch zwei Baudenkmäler des Mittelalters seine charakteristische Note: durch den Dom und das Stadttor, das Altpörtel. Diese beiden übrig gebliebenen Zeugen der großen Vergangenheit weisen auf die geschichtlichen Kräfte hin, die der Stadt einst Bedeutung verliehen: Der Dom ist Wahrzeichen des christlichen Abendlandes und der Macht des Kaisertums; das Altpörtel erinnert an das Erstarken des Bürgertums in der zu Macht und Glanz aufsteigenden freien Reichsstadt Speyer.

Gesamtdarstellungen wie die vorliegende sind zwangsläufig unvollständig, zumal sie sich an einen vorgegebenen Umfang halten müssen. Manchen Aspekt werden die Kenner der Speyerer Geschichte als etwas kurz behandelt empfinden, einen anderen gar vermissen. Freilich hätte man viele Akzente auch anders setzen können. Absicht des vorliegenden Bandes ist es, einen knappen Überblick über die Geschichte der Stadt Speyer zu geben. Zweifelsohne ist ein solches Unternehmen angesichts der Stoffmenge und Fülle von Literatur gewagt, und je näher man an das aktuelle Geschehen heranrückt, desto größer wird zwangsläufig der Anteil an Subjektivität und Wertungen. Am Schluss steht keine ausgewogene Bestandsaufnahme sämtlicher Aspekte des Geschehens in der Gegenwart, sondern eine Auswahl beispielhafter Über- und Ausblicke.

Meine »Kleine Geschichte der Stadt Speyer« erschien 2008 erstmals im G. Braun Buchverlag (Karlsruhe) und ist inzwischen vergriffen. Seitdem hat sich die Stadt weiterentwickelt, und die Erforschung der Stadtgeschichte ist fortgeschritten. All dies rechtfertigt eine Neuauflage. Mit vorliegendem Buch wird der interessierten Leserschaft nun eine zweite, überarbeitete und aktualisierte Auflage an die Hand gegeben.

Mein herzlicher Dank gilt zuerst dem Verleger, Herrn Fritz Pustet, für die Aufnahme dieser Darstellung in seine Reihe »Kleine Stadtgeschichten« und seinen Mitarbeiterinnen und

Das Wappen der Stadt Speyer.

Mitarbeitern für die Betreuung der Drucklegung. Frau Lektorin Christiane Abspacher M. A. hat das Manuskript kritisch durchgelesen und viele Hinweise zur Verbesserung gegeben. Ihr danke ich für die geduldige und kompetente Betreuung. Frau Julia Wagner M. A. kümmerte sich mit großem Engagement um die Bildauswahl. Für die Bereitstellung von Bildmaterial bedanke ich mich bei Frau Archivrätin Dr. Christiane Pfanz-Sponagel und Frau Julia Kratz M. A. vom Stadtarchiv Speyer sowie bei Frau Jutta Hornung vom Archiv des Bistums Speyer.

Die Entstehung der Stadtgeschichte wurde in vielfacher Weise begleitet und unterstützt. Frau Oberstudiendirektorin Dr. Lenelotte Möller (Speyer) gab viele Ratschläge zur städtischen Geschichte und wichtige Hinweise auf diesbezügliche Quellentexte. Herrn Oberbürgermeister a. D. Werner Schineller, dem Vorsitzenden des Historischen Vereins der Pfalz, danke ich für die Durchsicht des letzten Kapitels mit Schwerpunkt 20. Jahrhundert. Für zahlreiche Hilfen danke ich den Kolleginnen und Kollegen der Speyerer Archive und Bibliotheken sowie des Historischen Museums der Pfalz.

Meiner Partnerin Frau Oberbibliotheksrätin Dr. Traudel Himmighöfer (Speyer) danke ich für die intensive inhaltliche und formale Durchsicht, für textliche Erweiterungen, insbesondere aus kirchen- und theologiegeschichtlicher Sicht, und für die unermüdliche Hilfe bei der Erstellung des Manuskripts.

Speyer, im Sommer 2019   Hans Ammerich

Die Bischofsstadt

Noviomagus und Civitas Nemetum: römische Anfänge

Der Speyerer Geschichtsschreiber Christoph Lehmann bezeichnete in seiner »Chronica der Freyen Reichs Statt Speyer« (erstmals erschienen 1612) die Römer als Gründer der Stadt und liegt damit nicht falsch. Wie viele römische stadtartige Siedlungen am Rhein trägt auch Speyer als *Noviomagus* (neues Feld) zunächst einen keltischen Namen, ohne dass ein keltischer Ursprung des Orts archäologisch nachzuweisen wäre. Dieser Ortsname blieb der Siedlung jedoch noch bis weit in die Römerzeit hinein erhalten. Die Ansicht, dass der römischen Ansiedlung ein keltisches Oppidum vorausgegangen sei, ist durch die archäologischen Forschungen seit den Kanalarbeiten 1927 und insbesondere durch die großflächigen Ausgrabungen der letzten 30 Jahre widerlegt worden.

Spätestens seit 10 v. Chr. war der Oberrhein zwischen Mainz und Basel durch römische Posten gesichert. Die Gründung einer Militäreinheit in Speyer ist für diesen Zeitpunkt anzusetzen; daran orientierte sich auch die 2000-Jahr-Feier der Stadt im Jahr 1990. Das Truppenlager wurde noch zweimal verlegt – zuerst nach Süden, dann nach Nordwesten mit erheblicher Erweiterung. Aus dem 1., 2. und 3. Jahrhundert berichten u. a. zahlreiche römische Inschriften von der Romanisierung der Region. Ein großes Mithrasheiligtum, das in Gimmeldingen bei Neustadt gefunden wurde, bezeugt die aus Persien stammende typische Soldatenreligion für unseren Raum, der zum nördlichen Grenzgebiet des Imperium Romanum gehörte. Und so wie römische, griechische und ägyptische Götter, Soldaten und Händler durch das römische Reich hierher gelangten, kamen Menschen und Waren aus dem Nemetergebiet durch das Römische Reich in andere Weltgegenden: Terra Sigillata aus dem nahe gelegenen Rheinzabern wurde bis nach Britannien und ans Schwarze Meer exportiert, und vor wenigen Jahren (um 2000) wurde

GEOGRAPHISCHE LAGE UND KLIMA

Speyer ist eine kreisfreie Stadt mit einer Fläche von 42,58 km² im Bundesland Rheinland-Pfalz und liegt in der Oberrheinischen Tiefebene an der Mündung des Speyerbachs in den Rhein (geographische Daten: 8° 26' östlicher Länge und 49° 19' nördlicher Breite). Für das Stadtgebiet lassen sich drei deutliche Höhenstufen zwischen 92 m ü. N. N. am Rhein bis 113 m ü. N. N. auf der oberen Flussterrasse feststellen. Speyer hat heute rund 50.700 Einwohner, was einer Bevölkerungsdichte von rund 1190 Einwohnern je km² entspricht. Auf Grund der Lage im Oberrheingraben gehört es zu den wärmsten und niederschlagärmsten Gebieten Deutschlands. Die Jahresmitteltemperatur beträgt 9,8° C, in der Vegetationszeit 16,9° C. Die durchschnittliche Niederschlagsmenge beläuft sich auf 596 mm, davon 314 mm in der Vegetationszeit. Die Zahl der Sommertage (mit über 25° C) liegt bei durchschnittlich 40 pro Jahr. Gewitter treten durchschnittlich an 20 bis 25 Tagen auf. Schneefall ist, legt man den Durchschnittswert zugrunde, an 20 Tagen festzustellen, eine geschlossene Schneedecke ebenfalls an 20 Tagen. Die Hauptwindrichtungen sind Südwest und Nordost. Die Zahl der Sonnenscheinstunden ist im Sommerhalbjahr deutlich überdurchschnittlich, im Winter wegen häufiger Inversionswetterlagen unterdurchschnittlich. Wegen der Inversionslagen und der Schwüle im Sommer gilt das Wetter in Speyer als bioklimatisch belastend.

am Unterlauf der Donau im bulgarischen Ruse das Militärdiplom (= Entlassungsschein und Bürgerrechtsurkunde samt Heiratserlaubnis eines römischen Veteranen) für den Nemeter Atrectus, Sohn des Capito, aus dem Jahr 105 n. Chr. gefunden. Er war nach seiner Entlassung nicht in seine Heimat zurückgekehrt, sondern hatte sich in der Nähe der Schwarzmeerküste ein Landgut zuteilen lassen und dort seinen Lebensabend verbracht.

74 n. Chr. wurde das Truppenlager aufgegeben, nachdem die Römer das rechtsrheinische Vorland zunächst bis zum Neckar, dann bis zum später errichteten Limes erobert hatten. Unter den Römern, die – wie erwähnt – noch vor Christi Geburt hierher kamen und die germanischen Nemeter ansie-

delten, waren nacheinander zwei Militärlager und ein größeres Kastell entstanden. Daneben entwickelte sich eine ausgedehnte Zivilsiedlung, die als *Civitas Nemetum* (Nemeterstadt) im 2. Jahrhundert n. Chr. eine Blütezeit erlebte, bevor sie 275 mit dem ganzen Umland durch Alemanneneinfälle zerstört wurde. Zu Beginn des 4. Jahrhunderts erfolgte ein Wiederaufbau der Siedlung.

Zentrum früher Kirchenorganisation

Die Existenz eines Bischofssitzes in der *Civitas Nemetum* kann für die Mitte des 4. Jahrhunderts angenommen werden. 346 findet sich bei den inhaltlich gefälschten Akten eines Konzils zu Köln die Unterschrift *Jesse ep(iscopu)s civitatis Nemetum*. Die Unterschriftenliste dieser Akten dürfte aus einer echten Vorlage übernommen sein. Bereits 342/43 wird in der Liste von gallischen und rheinischen Bischöfen, die zu den Beschlüssen der Synode von Sardica (Sofia) ihre Zustimmung gaben, ein Bischof mit Namen Jesse aufgeführt, allerdings ohne Angabe seines Bischofssitzes. Bei der doppelten Überlieferung des Namens darf man daher von Jesse als erstem nachweisbaren Speyerer Bischof ausgehen. Wo seine Bischofskirche stand und wem sie geweiht war, ist nicht bekannt.

Rund ein halbes Jahrhundert später, zu Beginn des 5. Jahrhunderts, wird Speyer in der »Notitia Galliarum« als Bischofs-

EIN BESONDERES ZEUGNIS

Der schönste und am meisten berührende unter den römischen Grabsteinen am Oberrhein, die die Römer hinterlassen haben, ist der des zehnjährigen Peregrinus, eines Sklavenjungen des Caius Julius Nigellio, der vermutlich Offizier der in Speyer stationierten Einheit war. Der Stein, der außer einer Inschrift auch den Jungen mit einem Hündchen und vermutlich einem Spielzeug zeigt, wurde im 1. Jahrhundert n. Chr. in einer Mainzer Werkstatt hergestellt. Er wurde in der Ludwigstraße gefunden und befindet sich heute im Historischen Museum der Pfalz in Speyer.

sitz bezeichnet. Neben vereinzelten archäologischen Funden haben besonders die Ausgrabungen von 1946/47 auf dem Gelände des ehemaligen St. Germanstifts, das heute vom Priesterseminar überbaut ist, Aufschluss über christliches Leben in Speyer und seiner Umgebung im 4./5. Jahrhundert gebracht.

Frühmittelalterlicher Bischofssitz

Vandalen, Alanen und Sueben setzten 406 über den Rhein und verwüsteten auf ihrem Weg ins innere Gallien auch Speyer. Die aus dem rechtsrheinischen Gebiet vordrängenden Germanen (Barbaren) nötigten die Römer,

Grabstele des Peregrinus, Sklave des C. Julius Nigellio.

Speyer zu verlassen. Das Bistum Speyer ging – wie die benachbarten Bistümer Mainz und Worms – in den Wirren der Völkerwanderungszeit unter, doch kleine christliche Gemeinden bestanden weiter. Von besonderer Bedeutung für die Rechristianisierung des Gebiets war die Taufe des Frankenkönigs Chlodwig I. mit 3000 seiner Krieger an Weihnachten 498 durch den Bischof Remigius von Reims. Sein Übertritt zum christlichen Glauben beseitigte nicht nur religiöse Schranken zwischen Galloromanen und Franken und bewirkte die Verschmelzung beider Volksgruppen, sondern förderte auch die geregelte Entwicklung kirchlicher Organisationen.

DER ORTSNAME

Im Verlauf des 6. Jahrhunderts erhielt die Stadt ihren Namen: Spira (nach dem germanischen Namen des hier in den Rhein mündenden Flusses) – Speyer. Der neue Name *Spira* tritt neben die bis dahin gebräuchlichen Bezeichnungen *Noviomagus* und *Civitas Nemetum*. Aus dem frühen »Spira« wurde das mittelalterliche »Spire«, das sich am Beginn des 16. Jahrhunderts allmählich zu Speir, dann zu Speier und letztendlich zu Speyer wandelte.

Ende des 5. Jahrhunderts war Speyer unter fränkische Oberhoheit gekommen. Im Verlauf des 6. Jahrhunderts wurde hier wieder gesiedelt, jedoch nicht im ehemals römischen Siedlungskern, sondern weit außerhalb. Im Nordwesten vor der römischen Civitas entstand die fränkische Siedlung Altspeyer, die später zur Vorstadt werden sollte, im Südwesten die spätere Ortschaft Winternheim. Speyer wurde Sitz eines Gaugrafen.

Um die Mitte des 6. Jahrhunderts entwickelte sich Speyer zu einem Mittelpunkt geistlicher und weltlicher Macht, zu Beginn des 7. Jahrhunderts wird wieder ein Bischof erwähnt. Seit der Karolingerzeit bestand hier zudem eine Königspfalz. Bei der ersten Teilung des fränkischen Reiches im Vertrag von Verdun (843) kam Speyer zusammen mit dem Speyer-, Worms- und Nahegau – obwohl linksrheinisch gelegen – zum oberfränkischen Reich Ludwigs des Deutschen »wegen der Menge an Wein« *(propter vini copiam)*, so berichtet Regino, der aus dem nahe gelegenen Altrip stammende Abt des Klosters Prüm.

Die Förderung Speyers, wie sie unter den Karolingern geschah, setzte sich auch unter den Ottonenkaisern fort. 946 erhielt der Speyerer Bischof von Konrad dem Roten, dem Schwiegersohn Kaiser Ottos des Großen, das Münzrecht. 969 wurde dem Bischof von Otto dem Großen die ausschließliche Gerichtsbarkeit in der Stadt und in der Vorstadt (Altspeyer) verliehen. Mit diesem Immunitätsprivileg wurde er Stadtherr mit allen Rechten, die den Zoll, den Markt, die Münze und die Stadtbefestigung betrafen. Diese um die und nach der Mitte des 10. Jahrhunderts erteilten Privilegien bildeten die Grundlagen für die Entwicklung zur Stadt, nach außen hin sichtbar im Bau einer Stadtmauer, die erstmals 969 erwähnt wird. Sie dürfte nur wenige Jahre zuvor entstanden sein. Die Stadt war nunmehr aus dem Umland herausgehoben und erhielt mit den neuen Privilegien und Rechtsverbindlichkeiten von nun an eine eigene Struktur.

Wohl im 6. Jahrhundert erfolgte die Wiedererrichtung der untergegangenen oberrheinischen Bistümer in den fränkischen Grenzgauen am Rhein. Das Bistum Speyer wurde zusammen mit dem Kloster St. German vermutlich in der zweiten Jahrhunderthälfte des 6. Jahrhunderts von Metz aus wieder errichtet. Metz war im letzten Viertel jenes Jahrhunderts als Sitz des austrasischen Merowingerreiches zu besonderer Bedeutung aufgestiegen.

Zum ersten Mal wird ein Bischof von Speyer nach der Völkerwanderung mit dem Namen Childerich 614 unter den Teilnehmern eines Konzils in Paris genannt; er unterschrieb die Beschlüsse: *ex civitate Spira Hildericus Episcopus*. Von seiner Bischofskirche ist weder die Lage noch der Kirchenpatron bekannt. Vermutlich stand sie, wie diejenige des Jesse, auf dem heutigen Domhügel; wo genau, muss offen bleiben.

Der Sprengel des Speyerer Bistums erstreckte sich in der Übergangszeit von der Spätantike zum frühen Mittelalter sicherlich nicht auf Gebiete östlich des Rheins. Erst die Besetzung durch die Franken, ihr Übertritt zum Christentum und die Konsolidierung ihrer Herrschaft schufen die Voraussetzungen, das Bistum nach Osten zu erweitern. Es darf angenommen werden, dass die kirchliche Organisation links des Rheins von St. German aus ihren Ausgang nahm; rechts des Rheins erfolgte dieser Ausbau in späterer Zeit vom Kloster Weißenburg aus.

Bis zur Regierungszeit Kaiser Ottos (I.) des Großen (936–972) sind nur wenige Nachrichten über die Bischöfe von Speyer erhalten. Ihr Leben und Wirken bleibt weitgehend im Dunkeln. Erst seit der Mitte des 10. Jahrhunderts sind wir über sie und die Ereignisse ihrer Amtszeit besser informiert. Bedeutende Männer – zumeist aus dem engsten Beraterkreis des Kaisers ausgewählt – bestiegen in dieser Epoche den Bischofsstuhl. Sie wurden ihren geistlichen und weltlichen Aufgaben gleichermaßen gerecht. Die Speyerer Bischöfe Gottfried (950–960) und Otgar (962–970) spielten eine einflussreiche Rolle am ottonischen Kaiserhof. Otgar war als Beauftragter des Kaisers mehrfach in Rom. Die Speyerer Bischöfe Balderich von Säckingen (970–986) und Walter (1004–1027) gehörten zu den gelehrtesten Männern ihrer Zeit. Unter ihnen gelangte die Domschule von Speyer zu höchstem Ansehen.

Bischof Reginbald II. (1033–1038) war im Kloster St. Gallen erzogen worden und Abt von St. Afra in Augsburg sowie im Kloster Lorsch gewesen. Er zeichnete sich durch Frömmigkeit und hohe Gelehrsamkeit aus. Da er sich insbesondere für die Armen einsetzte, wurde er nach seinem Tod wie ein Heiliger verehrt. In der Amtszeit Reginbalds wurde unter Konrad II. mit dem Bau des Domes zu Speyer begonnen; die Altarweihe fand 1061 statt. Konrads Enkel Heinrich IV. ließ die Kathedrale ab 1083 durch seine Baumeister Benno (Bischof von Osnabrück, † 1088) und Otto (seit 1102 Bischof von Bamberg, † 1139) umbauen.

Das prägende Ereignis: der Bau des Doms

Vom späten 10. Jahrhundert bis um die Mitte des 12. Jahrhunderts wuchs Speyer zu einer Stadt von zentraler Bedeutung heran. Sie wurde insbesondere unter den Saliern und frühen Staufern zum Zentrum des Reiches. Die Bezeichnung der Kaiser von Konrad II. bis Heinrich V. als »salisch« wurde erst später angewendet: »Salisch« bedeutet so viel wie »hochfrei fränkisch«, »Sal« heißt so viel wie Herrschaft. Ein »Salhof« ist also ein Herrenhof, »terra salica« ist Herrenland. Auf die Salier übertragen, heißt dies, dass es sich bei ihnen um ein altes fränkisches Herrengeschlecht handelt. Der Ursprung der Salier muss in der fränkischen Hocharistokratie, die zum größten Teil aus der Gegend zwischen Maas und Mosel stammte, gesucht werden. Als wesentliche Stützen der fränkischen Könige waren sie Feldherren, Diplomaten, Krongutsverwalter; aber sie waren ebenso als Inhaber von Bistümern und als Laienäbte treue Gefolgsmannen in der weltlichen und kirchlichen Fürsorge für das Frankenreich.

Eines der folgenreichsten Ereignisse der Stadtgeschichte war die Wahl Konrads des Älteren zum deutschen König in Kamba um 1024. Er stammte aus der Familie, die später den Namen Salier erhielt, und hatte seine Heimat im Worms- und Speyergau. Als Zeichen seines kaiserlichen Anspruches, Schutzherr aller Christen zu sein, gründete er in Speyer vor 1030 die größte Kirche der Christenheit und das bis heute größte romanische Bauwerk der Welt: den Dom zu Speyer. Über dessen Gründung existiert ein Bericht in den Speyerer Annalen von Johann Seyfried von Mutterstadt. Da Seyfried den Text in einem zeitlichen Abstand von etwa 400 Jahren zu den Ereignissen geschrieben hat, haben sich zwar Fehler eingeschlichen (Konrad regierte 17 Jahre, nicht 15, und auch das Datum der Grundsteinlegung des Domes gibt er wohl nicht korrekt an) und einige Stilisierungen stattgefunden (die Grundsteinlegung der drei Gebäude an einem Tag ist wohl nicht historisch korrekt), doch sind religiöse Haltung und politische Absicht des Domgründers darin gewiss unverfälscht wiedergegeben.

DIE GRÜNDUNG DES DOMS ZU SPEYER

»Konrad II., römischer König, genannt der Salier, erster fränkischer König, regierte 15 Jahre. Zur Frau hatte er Gisela, die ihre Abstammung auf das alte ruhmreiche Geschlecht Karls des Großen zurückführte, von der er auch den Erben Heinrich hatte, den sie in hohem Alter bekommen hatten, wie es lange zuvor der Mainzer Erzbischof Bartho vorausgesagt hatte. Dieser ließ in der Stadt Speyer jene alte Basilika, die zu Ehren des hl. Papstes und Märtyrers Stephanus errichtet worden war, bis auf die Grundmauern niederreißen und am selben Ort eine neue von wunderbarer Größe, Macht und Schönheit, die bis zu unserer Zeit steht, von Grund auf errichten zu Ehren der hl. Gottesmutter Maria und des hl. Papstes und Märtyrers Stephanus im Jahr 1030. Am Fest der hl. Jungfrau Margarethe [12. Juli] setzte Konrad den Grundstein zur Errichtung des Klosters Limburg [bei Dürkheim]. Von dort ging er nüchtern nach Speyer, wo er die Grundsteine zum bereits beschriebenen Dom und zum Stift des hl. Johannes des Täufers legte, später nach dem hl. Guido be-

ZEITZEUGE //////////////////////

nannt. Obwohl er diese Bauwerke, weil er zuvor starb, nicht mehr erleben konnte, hinterließ er sie seinen Nachkommen als Beispiel, wodurch ermahnt, diese sein Unternehmen vollendeten und [reich] ausstatteten. Ebendieser Konrad II. setzte fest, dass auch die übrigen römischen Kaiser und Könige, die diesseits der Alpen sterben würden, in der Kirche, die er in seiner Stadt Speyer gegründet und reich begabt hatte, bestattet werden sollten, wie er sie auch selbst als erster ausfüllte. Denn an Pfingsten 1039 [3. Juni], das er in Utrecht feierte, erkrankt, beendete er im 15. Jahr seines Königtums und im 9. Jahr seines Kaisertums seinen letzten Tag, und während seine Eingeweide ebendort bestattet wurden, wurde sein Leichnam nach Speyer überführt und im Königschor des Domes bestattet [wo neben ihm später seine Frau beigesetzt wurde], unter dem dritten Marmorstein, auf welchem folgende Inschrift angebracht wurde: ANNO DOMINICE INCARNATIONIS MXXXIX CONRADUS SECUNDUS IMPERATOR II. NONAS IVLII OBIIT.«

Der romanische Dom ist nicht das erste Gotteshaus, das an dieser Stelle errichtet wurde – eine merowingische und eine karolingische Vorgängerkirche sind bezeugt –, doch waren diese Kirchen im Vergleich zu dem von Konrad II. geplanten Dom klein und bescheiden. Karl der Große hatte sein Münster zu Aachen, Otto I. den Dom in Magdeburg, Heinrich II. den Dom in Bamberg erbauen lassen; deshalb konnte Konrad II. als erster Herrscher einer neuen Dynastie mit der bescheidenen Domkirche in Speyer nicht mehr zufrieden sein. Möglicherweise waren er und seine Gemahlin Gisela in dem Entschluss, einen neuen Dom errichten zu wollen, durch den Zug nach Italien und die 1027 in Rom vollzogene Kaiserkrönung bestärkt worden.

Konrads Absicht, den größten Dombau des christlichen Abendlandes in seinem Herrschaftsbereich erstellen zu lassen, ließ sich zu seinen Lebzeiten noch nicht verwirklichen; wie er wurde auch sein Sohn Heinrich III. (1039–1056) in dem unvollendeten Gotteshaus beigesetzt. Papst Viktor II. (1055–1057), der letzte der fünf deutschstämmigen Päpste im 11. Jahrhundert, nahm die Beisetzung vor. Erst Heinrich IV. (1056–1106) erlebte 1061 die Weihe des Domes zu Ehren Mariens und des heiligen Papstes Stephanus, dessen Haupt als bedeutendste Reliquie im Dom verwahrt wird.

Zwischen der Grundsteinlegung (vor 1030) und der ersten Weihe 1061 vollzog sich die sog. morgenländische Kirchenspaltung: Die östliche Kirche sagte sich im Selbstverständnis des Kaisers als Oberhaupt der Kirche und Stellvertreter Christi von Rom los (1054). Als 1083 der byzantinische Kaiser Alexios dem Dom ein kostbares, heute verschollenes Altarantependium schenkte, konnte dies als kleines Anzeichen für eine Wiedervereinigung gedeutet werden – doch erfüllte sich diese Hoffnung nicht.

Mit dem Dom zu Speyer wollten die Salier ihre Macht und Herrschaft unterstreichen. Die geistesgeschichtliche Voraussetzung für den Bau bildet der im Religiösen wurzelnde Kaisergedanke. Als sich Kaiser Heinrich IV. während des Investiturstreites um die Jahreswende 1076/77 zum Bußgang zu Papst Gregor VII. nach Canossa gezwungen sah, traf dies die sakrale Bedeutung des Kaisertums und damit auch dessen Macht empfindlich. Als wäre der Dom selbst von diesen Ereignissen betroffen, als sei er in seinen Grundfesten erschüttert worden, nahm Heinrich IV. zu Beginn der 1080er-Jahre einen großen Umbau vor, der in den Ostteilen oberhalb der Krypta weitgehend einem Neubau gleichkam: Das Mittelschiff wurde eingewölbt, dem Außenbau wurden die Zwerggalerien und die Türme aufgesetzt. Beim Tod Heinrichs 1106 waren diese Baumaßnahmen wohl abgeschlossen; sie fielen in die Zeit der heftigsten Auseinandersetzungen zwischen Kaiser und Papst.

Nach seiner Vollendung war der Dom das damals größte Bauwerk des Abendlandes (134 m lang, im Mittelschiff 34 m hoch), ein sichtbarer Ausdruck des Herrschaftsanspruches der Salier. »Im Speyerer Kaiserdom hat nicht nur der deutsche Kaiser, sondern das gesamte *sacrum imperium* seine höchste Repräsentation erfahren«, urteilte der Kunsthistoriker Herbert Dellwing.

Zugleich mit dem salischen Dom entstand auf dessen Nordseite die neue Königspfalz, der Palast, in dem der König residierte, wenn er auf seinen ständigen Zügen durch das Reich nach Speyer kam. Bis zum Ende der Stauferzeit gehörte Speyer zu den häufigsten Aufenthaltsorten der deutschen Herrscher. Entsprechend fanden bedeutende Ereignisse in den Mauern des Domes und in seinem Bannkreis statt. So wurden die Speyerer Reichstage – insgesamt über 50 – im Kaiserdom mit feierlichen Gottesdiensten eröffnet und beschlossen. Beim Speyerer Reichstag 1127 wurde der hl. Norbert von Xanten, der Gründer des Prämonstratenserordens, zum Erzbischof von Magdeburg gewählt. Auf dem Reichstag an Weihnachten 1146 rief der hl. Bernhard von Clairvaux im Dom die deutschen Fürsten zum Zweiten Kreuzzug auf. Zu Ehren Mariens, der Patronin des Bistums und des Domes, wurde damals das Salve Regina gesungen, dem der hl. Bernhard die Worte *o clemens, o pia, o dulcis virgo Maria* hinzugefügt haben soll: »O gütige, o milde, o süße Jungfrau Maria.«

Vom Besuch Bernhards, der nicht nur im Gedächtnis der Stadt Speyer, sondern auch in der Kunstgeschichte, v. a. des Barock, seinen festen Platz hat, berichtet der Mönch Philipp von Lüttich als Augenzeuge: »Am Dienstag war Heilig Abend, und wir kamen mit dem Schiff nach Speyer. Dort feierte nämlich König Konrad [III.] das Weihnachtsfest, dort waren die versammelten Bischöfe und Fürsten anwesend. Dahin kam der heilige Vater [Bernhard] in dem Begehren unter einigen Fürsten Frieden herzustellen, deren Feindschaften viele vom Heere des Kreuzes Christi fernhielten. [...] Die Ankunft Bernhards gestaltete sich aber nicht geruhsam. Es geschah nämlich – um es einmal so zu sagen – das Wunder der Wunder: Der König nahm entgegen der Hoffnung aller, die erschienen waren, das Kreuz. [...] Zuvor schon war nämlich der heilige Bernhard heimlich bei Frankfurt mit dem König zusammengekommen und hatte ihn dort ermahnt, dass er für sein persönliches Heil sich vorsehe in einer Zeit reichen Erbarmens. [...] So sprach er, indem er den König in Speyer zum zweiten Mal, nun in öffentlicher Rede, wie zuvor zum Kreuzzug ermahnte, ihn nicht als König, sondern ganz freimütig als Mensch an. [Bernhard] stellte nämlich das künftige Gericht dar, wie der Mensch vor Christi Richterstuhl steht, wie Christus urteilt und spricht: ›O Mensch, was hätte ich dir tun sollen und habe es nicht getan?‹ – und dann zählte er des

Königs Hoheit, Schätze, Einsichten, tapferen Geist und Körperkraft auf. Mit diesen und ähnlichen Worten bewegte er den Menschen so, dass er mitten in der Predigt unter Tränen ausrief: ›Ich erkenne nun sehr wohl das göttliche Geschenk der Gnade, und nun will ich unter dem Schutz Gottes nicht mehr undankbar sein. Ich bin bereit, ihm zu dienen, sobald ich von ihm dazu gemahnt werde.‹ Sprach's, und siehe da bricht das Volk, die Worte des Königs aus dessen Mund begierig aufgreifend, in lautes Gotteslob aus, und die Erde hallte von ihren Stimmen wider. Sogleich wurde der König mit dem Kreuze gezeichnet und empfing das Banner vom Altar aus der Hand des Abtes, um es im Heere des Herrn mit eigener Hand zu tragen. Da empfing auch sein Neffe Herzog Friedrich der Jüngere [Friedrich I. Barbarossa], es empfingen andere Fürsten, deren keine Zahl ist, das Kreuz. Am selben Tage aber erhielt neben der Kapelle, wo der heilige Abt [Bernhard] die Messe gefeiert hat, ein gelähmter Junge in meiner Gegenwart die Gehfähigkeit zurück.«

Die Bestimmung des Doms zur salischen Familien- und Königsgrablege hatte zur Folge, dass Speyer in den Rang eines besonderen herrschaftlichen Zentrums erhoben wurde. Es entwickelte sich unter Kaiser Heinrich III. zu einer der bevorzugten Pfalzen des Reiches und blieb es bis in die Regierungszeit Heinrichs V. (1106–1125), des letzten salischen Kaisers.

»Hauptstadt Deutschlands«

Sichtbarer Ausdruck für die Bedeutung Speyers ist neben dem Bau des Kaiserdomes auch die Errichtung weiterer großer Kirchen wie des St. Johannesstiftes (um 1030) im Nordwesten und des Allerheiligen-Stiftes (um 1040) im Südwesten. Die Erweiterungen der Stadt nach Südwesten und Nordosten begannen um 1050/60 mit der Anlage einer Kaufleutesiedlung, die sich auf der Westseite um die ältere Bischofsstadt legte. Bis 1100 erfolgte die Ausdehnung nach Westen und Südwesten bis zum Altpörtel bzw. zum Allerheiligen-Stift. In der ersten Hälfte des 12. Jahrhunderts breitete sich das Stadtgebiet nach Nordwesten bis zum St.-Guido-Stift aus; dadurch wurde der Anschluss an die ältere

Siedlung möglich, die jetzt als Vorstadt angesehen wurde. Hinzu kam eine weitere westlich vor dem Altpörtel liegende Vorstadt, genannt Altspeyer, die bis zur außerhalb liegenden Ägidienkirche reichte. Insgesamt vergrößerte sich das Stadtgebiet zwischen 1050 und 1150 auf fast das Zehnfache – von ca. 8 ha auf ca. 70 ha.

Durch die Verbindung der drei Stiftskirchen entstand das auf den Dom radial ausgerichtete Straßensystem mit der großen westöstlichen Mittelachse, der heutigen Maximilianstraße, zwischen Dom und Altpörtel. Auf diese stufenweise erfolgten Stadterweiterungen geht der Umstand zurück, dass die Straßen, die dadurch jeweils verlängert wurden, unterschiedliche Namen in den Straßenabschnitten tragen.

Der Wandel Speyers wird in zwei zeitgenössischen Aussagen deutlich. Sprach der Dichter Walter von Speyer, ein Zögling der Domschule (973–981), noch von der »glückseligen Kühstadt«, so schrieb der in der Normandie lebende englische Mönch Ordericus Vitalis (1075–nach 1143) anlässlich der Beisetzung von Kaiser Heinrich V. im Speyerer Dom (1125) von der »Hauptstadt Deutschlands« *(metropolis Germaniae).* Das neue Speyer hatte nichts mehr mit den vergangenen Siedlungen zu tun. Norbert von Iburg († 1117), der Verfasser der Lebensgeschichte des vorübergehend in Speyer wirkenden Reichenau-Schülers und späteren Osnabrücker Bischofs Benno II. (1068–1088), schrieb: »Die Stadt Speyer war gerade zu der Zeit, da sie verarmt und vor Alter baufällig, fast aufgehört hatte, ein Bischofssitz zu sein, durch die Fürsorge und den frommen Eifer der Kaiser, die gegenwärtig dort begraben liegen, umgestaltet worden.«

Auch die Bevölkerungsstruktur veränderte sich: Aus der überwiegend bäuerlichen Bevölkerung wurde mehr und mehr eine städtische. Handwerker und Kaufleute bildeten neben Dienstleuten den Großteil der Einwohnerschaft. Diese gesellschaftliche Umschichtung wurde seit Beginn des 12. Jahrhunderts durch kaiserliche Privilegien gefördert. Das salische Speyer war die Stadt der Kaiser, der Bischöfe sowie der Kaufleute und Handwerker. Es stellte den neuen Typus der Gründer- oder Gründungsstadt dar. Dass Dom und Markt, die heutige Maximilianstraße, und das von ihnen ausgehende mittelalterliche Straßennetz als Einheit geplant worden waren, konnten die beiden Forscher Klaus Humpert und Martin Schenk 2001 nachweisen.

Spira fit insignis Heinrici munere regis – Speyer wird ausgezeichnet und erhöht durch das fördernde Werk König Heinrichs. Dieser Vers aus dem sog. »Codex Aureus«, dem von Heinrich III. der Speyerer Kirche geschenkten Prachtevangeliar, macht deutlich, welchen Bedeutungszuwachs die Stadt in der Salierzeit erlebte. Der im 12. Jahrhundert geprägte Ehrentitel »Sancta Spira« bezeichnet Speyer als Ort der Grablege der salischen Kaiser. Die ebenfalls aus dem 12. Jahrhundert stammende Bezeichnung *patria Spira* dagegen spielt auf die besonderen Beziehungen der Salier zur Stadt an. Leider waren die Beziehungen Heinrichs III. zu Speyer in den späteren Jahren getrübt durch ein Zerwürfnis mit Bischof Sigibodo II. (1039–1051), der wohl nicht den strengen religiösen Anforderungen des Kaisers entsprach. Als Gründer des Stiftes zur »Hl. Dreifaltigkeit und Allen Heiligen« hat sich allerdings Sigibodo ein bleibendes Denkmal gesetzt.

Es ist auffallend, dass der Kaiser nichts zur Vergrößerung des bischöflichen Besitzes beigetragen hat, obwohl dies sonst üblich war. Seine ganze Liebe galt dem Dom und den anderen Stiftungen seines Vaters, der bei Bad Dürkheim gelegenen Limburg und dem Speyerer Johannesstift. Dieses Wohlwollen ist umso mehr zu schätzen, als Heinrich III. zur Ausstattung des Domes nicht Reichsgut, sondern zum allergrößten Teil Eigengut des salischen Hauses verwendete.

Auch Heinrich IV. war mit dem Dom und seinen Geistlichen eng verbunden. Er sorgte für die wirtschaftliche Sicherstellung des Domklerus, vermehrte die Pfründen am Dom. Ganz besonders förderte der Kaiser die Speyerer Domschule, aus der eine Reihe von Domherren und Bischöfen hervorging. War schon früher der Speyerer Dichter und spätere Bischof Walter (1004–1031) ein hervorragender Lehrer der Domschule gewesen, so erhielt sie nun neuen Glanz durch Benno von Osnabrück, der viele Geistliche aus ganz Deutschland anzog. Auch der spätere Bischof Rüdiger Huzmann lehrte längere Zeit vor seiner Bischofserhebung an dieser Schule, die nach einem zeitgenössischen Bericht den Schulen in Paris, Metz und Bamberg an Bedeutung nicht nachstand.

Heinrich IV. zählt sicherlich zu den tragischen Persönlichkeiten der Weltgeschichte. Weihnachten 1105 beraubte ihn sein Sohn Heinrich V. des Thrones und setzte ihn auf der Burg Böckelheim bei Kreuznach, die dem Speyerer Bischof gehörte, gefangen. Später in die Pfalz Ingelheim verbracht, gelang es Heinrich zu fliehen, um den Kampf um Thron und Reich von neuem aufzunehmen. Am 7. August 1106 starb er in Lüttich. Seiner Bitte gemäß brachte der Sohn den Leichnam nach Speyer, um ihn dort bei den Vorfahren beizusetzen. Da Heinrich IV. jedoch im Kirchenbann verstorben war, verwehrte Bischof Gebhard, der als Hirsauer Mönch streng päpstlich gesinnt war, das Begräbnis in geweihter Erde. Erst 1111 gelang es Heinrich V. in zähen Verhandlungen mit dem Papst, die Lösung des Toten vom Bann zu erreichen. Jetzt konnte er den bisher in der ungeweihten Afrakapelle des Speyerer Domes stehenden Sarkophag im Königschor beisetzen, den der Verstorbene vor allen Kirchen seines Reiches geliebt hatte, wie der Mönch Ekkehard von Aura in seiner Weltchronik berichtet.

Kurz vor seinem Tod am 23. Mai 1125 übergab Heinrich V. in Utrecht dem Stauferherzog Friedrich von Schwaben Krone und Reichskleinodien, damit er sie auf den Trifels bringe und dort verwahre. Heinrich V. starb ohne Thronerben. Das Zeitalter der Salier war zu Ende – eine neue Epoche im Reich und damit auch für die Stadt Speyer begann.

Der Speyerer Freiheitsbrief von 1111 und die Ausbildung städtischer Strukturen

Zu Beginn des 12. Jahrhunderts begannen die Fürsten, in Opposition zum Kaiser ihre Territorien zu erweitern. Heinrich V. versuchte, mit Hilfe der Reichsministerialen dem Königtum am Oberrhein eine starke Stellung zu verschaffen. Auch die Begünstigung der Städte durch Privilegien stärkte seine Macht. Am 14. August 1111, eine Woche nach der feierlichen

Beisetzung des fünf Jahre nach seinem Tod vom Bann gelösten Heinrich IV., verlieh Heinrich V. den Bürgern von Speyer bedeutende Freiheitsrechte. Diese wurden mit goldenen Buchstaben, um des Kaisers Bild angeordnet, über dem Westportal des Doms angebracht. Heinrich V. befreite damals »alle, die in der Stadt Speyer nur wohnen oder in Zukunft wohnen wollen, woher sie kommen oder welchen Standes sie seien«, vom »buteil«, d. h. vom Recht des Leibherrn auf alles bewegliche Vermögen im Falle ihres Todes. Damit wurden Unfreie zur vollen Verfügung und Vererbbarkeit über ihr Vermögen berechtigt. Die Niederlassung in der Stadt mit dem Recht zur Existenzgründung über Generationen hinweg wurde ermöglicht.

Das Zukunftweisende dieser Bestimmung aber war die Anerkennung der Stadt *(civitas)* als eines vom Umland geschiedenen Bezirks eigenen Rechts, das jedem zuteil wurde, der sich dort niederließ. Die Stadtluft begann, vom Eigenrecht des Landes frei zu machen. Im Vergleich dazu: 1114 folgte die Privilegierung für Worms; 1119/22 befreite Erzbischof Adalbert I. seine Mainzer Bürger von jedem Gerichtsstand außerhalb der Stadt und gewährte ein durch Geburt erwerbbares Bürgerrecht sowie Selbstverwaltungsbefugnisse in finanziellen Bereichen.

Der überlieferte Gesamttext des Freiheitsbriefs geht vermutlich über die Urfassung der Dominschrift von 1111 hinaus. Nach deren Anbringung hatte der Dom mehrfach gebrannt, und dabei ist auch die Inschrift beschädigt, vielleicht auch vernichtet worden. Immer wieder musste sie erneuert werden. Endgültig verloren ging sie mit den Zerstörungen des Jahres 1689 und den nachfolgenden Umbauten des Westteils des Doms.

Die für die Forschung maßgebliche Niederschrift des Freiheitsbriefs stammt nicht aus dem Jahr 1111, sondern sie ist mehr als 200 Jahre jünger: Sie ist ein sogenanntes »Vidimus« (lat. für »Wir haben gesehen«). Die Inschrift wurde am 1. April 1340 durch zwei Notare gesehen und abgeschrieben. Wie sie versicherten, war sie in goldenen Lettern über dem mittleren Domportal angebracht, und sie wurde von ihnen Wort für Wort transkribiert. So wissen wir erst durch diese notarielle Abschrift, die aus zwei Texten besteht, etwas Sicheres über die

DER FREIHEITSBRIEF VON 1111

Erste Inschrift:

»Wir, Heinrich von Gottes Gnaden römischer Kaiser, wollen kund tun allen Christus und Uns Getreuen, Zukünftigen wie Gegenwärtigen, wie Wir um des Seelenheils Unseres lieben Vaters, des Kaisers Heinrich, seligen Angedenkens willen [...] am Begräbnistage Unseres Vaters alle befreit haben, die jetzt in der Stadt Speyer wohnen oder künftig dort wohnen wollen, woher immer sie kamen und welchen Standes immer sie waren. Wir haben sie selbst wie auch ihre Erben von dem schändlichen und verdammten Rechtsbrauch [befreit], nämlich von [der Pflicht zur Abgabe] jenes Anteils [an ihrem Nachlass], der volkssprachlich Butteil genannt zu werden pflegte und durch den gewöhnlich eine ganze Stadt in äußerster Armut zugrunde gerichtet wird. Wir haben es jedermann [...] verboten, im Todesfall etwas vom Hausrat des Verstorbenen einzuziehen. Wir haben erlaubt und bekräftigt, dass sie alle das freie Recht haben sollen, [ihren Nachlass] ihren Erben zu hinterlassen oder für ihr Seelenheil zu stiften oder sonst zu geben, wem immer sie dies wollen. [...] Dies alles [verleihen Wir ihnen] jedoch mit der Auflage, dass sie alle am Jahrestag Unseres Vaters mit Kerzen in den Händen feierlich zu den Vigilien und der Messe zusammenkommen und sich bemühen, von einem jeden Haus ein Brot als Almosen den Armen zu geben. Damit aber diese Unsere Erlaubnis und Bestätigung in alle Ewigkeit fest und unverbrüchlich fortbestehe [...], steht hier fest zu ewigem Gedenken an dieses Unser besonderes Privileg diese Zierde, aus dauerhaftem Material angefertigt, damit sie für immer Bestand habe, mit goldenen Lettern geschmückt, wie es sich gehört,[...] durch Unser Siegel als Anhang bekräftigt, damit es in seiner vollen Kraft blühe, steht sie am Tor des Münsters selbst, damit Unsere Bürger es von ihren benachbarten Geschäften aus sehen, in der sich Unsere einzigartige Liebe zu ihnen verkörpert. [...]«

Zweite Inschrift:

»Wir haben Uns mit der helfenden Gnade göttlicher Milde vorgenommen, diesen Ort wegen des außergewöhnlich treuen Gedenkens seiner Bürger an Unsere Vorväter und wegen ihrer unerschütterlichen Treue zu Uns [selbst] über alle anderen zu erhöhen. [...] Wir haben befohlen, dass Unsere Bürger von jeglichem Zoll befreit seien, wie er bisher in der Stadt gezahlt zu werden pflegte. Wir erlassen ihnen die volkssprachlich Bannpfennig genannte Abgabe samt dem von ihnen so genannten Schutzpfennig wie auch den [die] Pfeffer[abgabe], der von den Schiffen erhoben wurde. Wir wollen auch, dass keiner Unserer Bürger gezwungen werde, seines Vogtes Gericht außerhalb des Stadtgebietes aufzusuchen. Kein Amtmann und kein Bote irgendeines Herrn darf, um seinem Herrn zu Diensten zu sein, von Bäckern, Metzgern oder anderen Menschen in der Stadt irgendein Stück Hausrat gegen deren Willen wegnehmen. Kein Amtmann darf dort so genannten Bannwein verkaufen oder das Schiff eines Bürgers wider dessen Willen zu Herrendienst beschlagnahmen. Wir wollen auch, dass keine Abgaben von denen erhoben werden, die ihr Eigentum auf eigenen oder gemieteten Schiffen transportieren. Keine Amtsgewalt soll befugt sein, die Münzen auf irgendeine Weise zu leichtern oder zu mindern, es sei denn, dass sie auf den einmütigen Beschluss der Bürger eingetauscht werden. Niemand erpresse von ihnen Zoll im Bistum oder an den kaiserlichen Abgabenstellen. Wer [in Speyer] einen Hof oder ein Haus über Jahr und Tag unangefochten besessen hat, ist von da an niemandem Rede und Antwort schuldig, der später davon erfuhr. Eine bereits innerhalb der Stadt erhobene Klage darf kein Bischof und keine sonstige Amtsgewalt außerhalb derselben zur Entscheidung gewaltsam an sich ziehen.«

ursprüngliche Inschrift. Dass sich beide Texte deutlich voneinander unterschieden, hatten bereits die Notare erkannt. Sie haben dies jeweils durch das Hinzufügen der Worte *littera prima* bzw. *littera secunda* kenntlich gemacht. Beim Lesen des Gesamttextes kann man erkennen, dass sich beide Teile durch die Zeit ihrer Entstehung deutlich voneinander unterscheiden. So kommt für das Jahr 1111 nur der erste Text in Frage. Erst später wurden die beiden Teile zusammengefügt.

Die von Heinrich V. erteilten Privilegien schufen die Voraussetzung dafür, dass sich eine persönlich freie Einwohnerschaft mit einheitlichem Rechtsstatus und der Garantie für erworbenes Eigentum ausbilden konnte. Sie wurden der Stadt

Speyer als erster deutscher Stadt verliehen und stellten den Höhepunkt der Maßnahmen der salischen Kaiser zur Förderung von Stadt und Bürgerschaft dar. Zugleich leitete ihre Verleihung die Loslösung Speyers von der bischöflichen Stadtherrschaft und die Entwicklung zur Freien Reichsstadt ein. Am 27. Mai 1182 wurde der Speyerer Freiheitsbrief aus dem Jahr 1111 von Kaiser Friedrich I. Barbarossa erläutert und bestätigt.

BESTÄTIGUNG DES FREIHEITSBRIEFS (1182)

»Im Namen der heiligen und unteilbaren Dreieinigkeit. Friedrich, durch Gottes Güte erlauchter Kaiser der Römer. Die kaiserliche Majestät und Autorität verlangen es, dass, ebenso wie ihre eigenen Taten Bestand haben und unerschüttert bleiben sollen, sie auch die Handlungen und Privilegien ihrer Vorgänger auf jede Weise bekräftigen und durch das Bollwerk des geschriebenen Wortes bestärken. Daher erneuern Wir und bestärken mit kaiserlicher Autorität das Privileg Unseres Vorgängers, des Kaisers Heinrich V., das er für das Seelenheil seines Vaters, Unseres Urgroßvaters, des Kaisers Heinrich, am Tage von dessen Exequien der Stadt Speyer verlieh und am Portal der Kathedrale in goldenen Lettern zusammen mit seinem deutlich hervortretenden Siegel würdig abbilden ließ. Dieses Privilegienrecht soll nach Beseitigung aller Zweideutigkeiten für alle Zeit so Bestand haben, wie es dort zu lesen ist, gestützt auf das Zeugnis vieler Fürsten: Das entscheiden und bekräftigen Wir auf das Festeste. Der besagte Kaiser schaffte damals nämlich durch dieses Privileg für alle Bewohner Speyers, woher immer sie auch kamen und welchen Standes immer sie waren, wie auch für deren Erben das schlimme und zutiefst ungerechte Gewohnheitsrecht, das sogenannte Buteil, gänzlich ab. Er verbot endgültig, dass irgendjemand, ob Hoher oder Niedriger, Vogt oder angeborener Herr, sich unterstehe, ihnen im Todesfall irgendetwas von ihrem Hausrat zu nehmen. Sie sollten alle das volle Recht haben, ihren Nachlass ihren Erben zu hinterlassen oder ihn für ihr Seelenheil zu stiften oder sonst irgendjemandem, wem immer sie wollen, geben zu können. So gebieten nun auch Wir durch das angefügte Privileg Unserer Majestät, dass sie von alledem Genannten frei sein und sich dieser Freiheit erfreuen sollen. Allerdings hatte es sich in der Zwischenzeit ergeben, dass Ulrich, der ehrwürdige Bischof der Stadt, die Formulierung des erwähnten Privilegs in Frage stellte und gegenüber den Bürgern das mancherorts sogenannte Hauptrecht geltend machte, als seien sie durch das Privileg davon mit den Worten Buteil und Hausrat nicht befreit worden. Wie es nun Unsere Aufgabe ist, Gesetze zu geben, steht es Uns auch zu, Zweifelsfragen durch wohlwollende Auslegung zu klären. Wir legen daher das genannte Privileg – sogar unter Zustimmung des erwähnten Bischofs, der öffentlich deren Freiheit wieder anerkannte – dahingehend aus, dass darin die Bürger von Speyer auch von dem so genannten Hautrecht vollständig befreit sind, und befreien sie durch diese herrschaftliche Verfügung gänzlich von dieser Abgabe. Wir setzen fest, dass niemals eine geistliche oder eine weltliche Person, sei sie innerhalb der Stadt oder außerhalb derselben, sie je damit zu belästigen wage. Außerdem erklären Wir, darin in allem dem Privileg des Kaisers Heinrich, Unseres Vorgängers, folgend, die Bürger frei von allem Zoll, den sie damals in der Stadt zahlten, und von der Entrichtung der Bannpfennig und Schoßpfennig genannten Hausabgaben. Auch von der Zahlung des bisher für die Schiffe zu entrichtenden Pfeffergeldes erklären Wir sie vollkommen befreit. Wir wollen auch, dass kein Bürger Speyers außerhalb des Amtsbereichs seines Stadtvogts zum Erscheinen vor einem Gericht gezwungen werde. Ferner wollen Wir, dass keiner Unserer Bürger außerhalb der Stadt einer Zwangsvollstreckung in sein bewegliches oder unbewegliches Vermögen unterliege. Kein Vorgesetzter und kein Bote irgendeines Herrn wage es, von den Bewohnern der Stadt gegen deren Willen als Dienstleistung für seinen Herrn etwas von den Bäckern oder Metzgern oder sonst einem Stand in der Stadt irgendetwas Bewegliches oder sich Bewegendes gegen deren Willen zu nehmen. Niemand unterstehe sich je, so genannten Bannwein feilzubieten oder einem Bürger gegen dessen Willen sein Schiff zur Dienstleistung für seinen eigenen Herrn zu nehmen. Wir ordnen auch an, dass keinerlei Abgabe von denen verlangt werde, die ihre eigenen Sachen mit eigenen oder gemieteten Schiffen befördern. Auch darf keine Hoheitsgewalt die Münzwährung ohne gemeinsamen Beschluss der Bürger im Gewicht verringern oder im Wert verschlechtern oder sonst verändern. Keine Obrigkeit darf im gesamten Bistum und an den Einnahmestätten des Fiskus, das heißt im Interesse des Reiches, von ihnen Zoll erpressen. Wenn jemand ein Jahr und einen Tag lang [in Speyer] Hof oder Haus unwidersprochen besessen hat, braucht er sich niemandem gegenüber gerichtlich zu verantworten, der die Umstände seines Besitzes in dieser Zeit kannte. Wenn ein Rechtsstreit vor einem städtischen Gericht bereits rechtshängig ist, darf kein Bischof oder sonst eine Obrigkeit [einen daran beteiligt gewesenen Bürger] zwingen, den Fall außerhalb der Stadt gerichtlich entscheiden zu lassen. Am Straßburger Zoll dürfen sie nicht gezwungen werden, mehr als 13 Silberpfennige pro Schiff zu zahlen. Damit diese Unserer Majestät Bestätigung in für alle Ewigkeit gültig und ungebrochen bleibe, haben Wir diese Urkunde aufzuzeichnen und durch den Abdruck Unseres Siegels zu bekräftigen befohlen. Wer es aber vermessen wage, sie zu verletzen oder sie sonst in Frage zu stellen, zahle einhundert Pfund puren Goldes der kaiserlichen Kammer.«

Um 1190 gewährte der staufische König Heinrich VI. Speyer das in einer Urkunde Philipps von Schwaben von 1198 bezeugte und bestätigte Recht, aus ihrer Mitte zwölf Männer frei und unabhängig zu wählen, die die Verwaltung der Stadt verantwortlich leiten sollten. Speyer war damit eine der ersten Städte mit Autokephalie [= Selbstverwaltung] nördlich der Alpen. Der Text der von Herzog Philipp von Schwaben als Regent für Friedrich II. am 12. Februar 1198 erlassenen Urkunde lautet (in Auszügen): »[...] Kundt und zu wissen sei allen jetzt und in Zukunft, dass als wir nach der Abreise des hochgeehrten Kaisers Heinrich, unsers Bruders zu Speyer angelangt sind und sowohl im Namen seiner kaiserlichen Majestät als auch in unserem eigenen bei der Bürgerschaft daselbst um Hilfe und Rat ersucht haben, wir mit denselben in folgender Weise übereingekommen sind, dass sie, wenn es nötig wäre, für unser Kriegsvolk Schiffe und Fähren besorgen, und dabei dienlich sein wollten, ebenso bei der Beschaffung von Lebensmitteln [...], und sie haben sich bereit erklärt [...], uns mit 30 Mann in der Stadt wohlwollend aufzunehmen, doch unter der Einrede und Bedingung, dass wir unserem übrigen Kriegsvolk weder in der Stadt noch außerhalb in den Vorstädten sich niederzulassen, zu hausen oder Herberge zu nehmen erlauben wollen. So haben wir uns auch der feindlichen Einfälle wegen dergestalt geeinigt, dass, wenn jemand das Bistum Speyer […] mit Krieg anzugreiffen erdreisten wird, die Bürgerschafft der Stadt samt dem Bischoff und seinen Dienstleuten mit uns und wir umgekehrt mit ihnen […] die Füße treulich zusammensetzen und einander nicht im Stich lassen wollen. Solches alles hat uns die Bürgerschaft mit eidlich hinreichend versichert, demnach aber wir unsererseits der Stadt […] alle Rechte und Gerechtigkeit, mit denen sie von alters her von den Kaisern durch Privilegien begabt worden war […], erneuert und bestätigt haben. Insbesondere haben wir ferner ausdrücklich und insonderheit sie in dem […] freigestellt, dass von keinem geistlichen noch weltlichen Richter innerhalb des Bistums Speyer die Beschwerde, so Dinogane genannt wird, auch keine andere Schatzung von Gütern der Bürger zu Speyer außerhalb Zins, so man deshalb etwas schuldig ist, erfordert und genommen werden soll. So haben wir auch der Stadt Speyer diese Freiheit erteilt, dass weder der Kaiser noch wir dieselbe mit einer gemeinen oder sonderbaren Schatzung belegen wollen, wenn uns nicht die Bürgerschaft aus freiem und guten Willen eine freiwillige und nützliche Hilfe von selbst zu gewähren für gut ansehen und halten. Ferner haben wir in Nachfolge von Kaiser Heinrichs [VI.] Verordnung der Stadt sowohl in des [jetzigen] Kaisers als auch in unserem Namen […] gestattet, dass sie Recht und Freiheit haben, zwölf aus ihren Bürgern zu erwählen, die geloben und schwören sollen, für die Bürgerschaft nach ihrem besten Verstand und Vermögen gute Vorsehung zu treffen und nach ihren Gutachten und Rat die Stadt zu regieren […].«

Im Anschluss an die Erteilung des Freiheitsbriefs von 1111 setzte die Ausbildung gemeindlicher Selbstverwaltungsorgane ein, die im 13. Jahrhundert in der Bildung des meist aus Ministerialen und Handelsherren zusammengesetzten patrizischen Rats gipfelte, so in Worms 1215, in Speyer 1224 und in Mainz 1244. Die Zünfte drangen erst zu Beginn des 14. Jahrhunderts in den Rat vor.

In die Zeit des bereits schwindenden staufischen Einflusses fällt die Kodifizierung des sogenannten ersten Speyerer Stadtrechts um das Jahr 1230. Der Stadtrat, der sich seit 1220 als *universitas consiliarorum* bezeichnete, hat es – zusammen mit der Stadtgemeinde und mit Einwilligung des Bischofs – in der Form einer Satzung und Einung geschaffen. Es regelt die Behandlung von Verstößen gegen den Stadtfrieden und enthält zudem die erste Erwähnung der beiden Bürgermeister. Der Rat als kommunale Institution war damit gefestigt.

1226 trat Speyer dem ersten Rheinischen Städtebund bei. 1207 war bereits ein Zollvertrag Speyers mit den Bürgern von Worms zustande gekommen. 1293 schlossen Mainz, Worms und Speyer ein »Ewiges« Bündnis: König und Bischof wurde nur noch gehuldigt, wenn diese zuvor die städtischen Rechte und Freiheiten bestätigt hatten. 1325 kam es zum Landfrieden mit Mainz, Oppenheim, Straßburg und Worms. Dies war eine Absicherung nach außen. Diesem Zweck diente auch der Speyerer Beitritt zum zweiten Rheinischen Städtebund im Jahr 1381.

Topographische Entwicklung der Stadt

Am Anfang des 12. Jahrhunderts war die Ummauerung der salischen Stadterweiterung fertiggestellt. Sie umfasste das Gebiet zwischen den alten Ausfallstraßen und die beiden Stifte im Nord- und Südwesten. Stadtmauern bedeuteten nicht nur Schutz gegen äußere Feinde, sondern sie waren auch wichtige Rechtsgrenzen. Die Mauer umschloss bis zur Französischen Revolution einen privilegierten Rechtsbereich; in ihm war weitgehende Rechtsgleichheit vorhanden. Als neue städtische Dominante war die auf den Dom ausgerichtete Marktstraße mit dem Stadtbach entstanden. An ihr orientierte sich nunmehr die Bebauung.

Vermutlich in der zweiten Hälfte des 12. Jahrhunderts entstanden die Kapellen, aus denen später die Pfarrkirchen der Stadt hervorgingen: St. Bartholomäus (heute zwischen Wormser Straße und Gutenbergstraße), St. Georg (heutige Georgengasse), St. Jakob (heute »Kaufhof«), St. Johannes

Stadtmauer am Hilgardgraben, aufgenommen nach 1914.

(heute Johannesstraße), St. Peter (heute Allerheiligenstraße), St. Martin (heute Martinskirchweg), St. Moritz (heute Königsplatz) und St. Stephan (südlich des Domes).

Im 13. Jahrhundert kamen auch die Bettelorden nach Speyer, die vier Klöster gründeten. Es waren dies zuerst 1221 die Franziskaner, denen die Stadt mit Caesarius von Speyer und Julian von Speyer zwei bedeutende Mitglieder schenkte, 1265 die Dominikaner sowie um 1270 die Augustinereremiten und die Karmeliten. Bereits 1228 waren die Reuerinnen zur hl. Maria Magdalena gekommen, die 1304 zum Dominikanerorden übertraten. Sie bildeten den einzigen von über 60 Konventen in der Pfalz, der heute noch Bestand hat. Ebenso bedeutend wie St. Magdalena war von 1222 bis 1798 das Franziskanerinnenkloster St. Klara.

Auf der Nordostseite der Stadt entstand im frühen 13. Jahrhundert die Vorstadt über dem Hasenpfuhl mit dem Zentrum des St.-Magdalenen-Klosters, bald darauf im Süden die Fischer- oder St.-Markus-Vorstadt, die sich beiderseits der Straße zur außerhalb liegenden St.-Markus-Kirche und entlang der heutigen

DAS ALTPÖRTEL

Das westliche Stadttor Speyers war das Altpörtel in der Maximilianstraße. Mit einer Höhe von 55 m gehört es zu den höchsten und bedeutendsten Stadttoren Deutschlands. Es wurde in der ersten Hälfte des 13. Jahrhunderts errichtet und ersetzte ein schon früher vorhandenes Tor. Der untere Teil des Turmes wurde zwischen 1230 und 1250 erbaut, das oberste Turmgeschoss mit einer spätgotischen Maßwerkbrüstung und den Arkadenbögen der Galerie wurde im Zeitraum von 1512 bis 1514 hinzugefügt. An der Ost- und Westseite des Altpörtels sind jeweils zwei Zifferblätter der Turmuhr angebracht. Die Zeiger auf den großen Zifferblättern zeigen die Stunden an, die auf den kleinen die Minuten.

In der ersten urkundlichen Erwähnung des Torturmes von 1197 heißt das Altpörtel schon *vetus porta* (altes Tor), im Gegensatz zum nicht mehr existierenden Neupörtel *(nova porta)*. Architektonisch reich gegliedert ist seine Ostseite, die Seite zur Stadt. Die Westseite weist kleine Schießscharten auf. Auf der nördlichen Seite, der Durchfahrt durch das Altpörtel, befindet sich bis heute ein eiserner Stab, der »Speyerer Werkschuh«. Dieses städtische Normalmaß hat eine Länge von 28,889 cm und wurde früher in zwölf Zoll unterteilt.

Auf Grund glücklicher Umstände überstand das Altpörtel die Stadtzerstörung von 1689 und blieb so als einer der wenigen Überreste der mittelalterlichen Stadtbefestigung erhalten. Es bildet den Abschluss der repräsentativen Maximilianstraße, die eine Triumphstraße *(via Triumphalis)* war. Die 25 bis 30 m breite Straße, die 700 m lang ist, sah viele bedeutende Ereignisse: Hier zog der Kaiser bei besonderen Anlässen mit großem Gefolge in den Dom.

Im Altpörtel versah viele Jahrhunderte lang ein Torwächter seinen Dienst. Neben ihrem Amt als Pförtner erhoben die Torwächter das Wegegeld und bewachten die Waffen und Munition, die in den Türmen lagerten. Hier wurden zudem die Werkzeuge des Scharfrichters in einer Eichenholzkiste aufbewahrt.

Steingasse, die zum Fischertor führte, ausdehnte. Die Vorstädte wurden im 13. und 14. Jahrhundert ummauert. Um 1300 hatte die Stadt etwa 5000 Einwohner.

Das Altpörtel in einer Aufnahme nach 1900, von der Westseite aus gesehen.

Angesehen und verfolgt: die bedeutende jüdische Gemeinde

Zur wirtschaftlichen und geistigen Blüte Speyers trugen im Mittelalter ganz wesentlich Juden bei. Sie ließen sich – 1084 mit Privilegien ausgestattet – als Schutzbürger des Bischofs Rüdiger Huzmann nieder. Die Urkunde vom 13. September 1084 lässt erkennen, dass sich der Bischof der Besonderheit seiner Maßnahme durchaus bewusst war: Er glaubte, »die Ehre dieses Ortes tausendfach zu mehren, wenn ich hierher auch Juden versammle«. Er siedelte sie »außerhalb der Gemeinschaft und der Wohnorte der übrigen Bürger« an, und damit sie nicht »durch den lästigen Haufen des Pöbels gestört werden«, habe er sie mit einer Mauer umgeben. Die Ansiedlung erfolgte unter der Bedingung, dass sie »jährlich 3 ½ Pfund in Speyerer Währung zum gemeinen Nutzen der Brüder zahlen«. Er gewährte ihnen im Gegenzug die Freiheit, »Gold und Silber zu tauschen und zu kaufen und zu verkaufen, was immer sie wollen«, gab

Die Mikwe im Judenhof.

ihnen eine Begräbnisstätte und bestimmte, dass »wenn ein Jude bei ihnen zu Gast ist, er dort keinen Zoll zahlt«. Außerdem soll, wie ein Stadtrichter unter den Bürgern, ihr Synagogenvorsteher jede Klage entscheiden, die zwischen ihnen oder gegen sie aufkommt. Wenn er ihn aber nicht entscheiden kann, soll der Fall vor den Bischof der Stadt oder seine Kammer gebracht werden. Um die Nachtwache ihres Viertels hatten sie sich selbst zu kümmern, rituell unreines Fleisch, »welches ihnen nach ihrem heiligen Gesetz unerlaubt scheint«, durften sie an Christen verkaufen. Bischof Rüdiger habe ihnen, so die Urkunde weiter, ein Gesetz geschaffen, »demgegenüber das Volk der Juden in keiner Stadt im gesamten deutschen Reich ein besseres besitzt«.

1090 bestätigte Kaiser Heinrich IV., als er sich in der Stadt aufhielt, die Urkunde des Bischofs. Den Juden war somit gestattet, innerhalb des Reiches Handel zu betreiben. Die kaiserliche Bestätigung gewährte ihnen Schutz und Handelsfreiheit, um ihre wirtschaftliche Situation sicherzustellen.

Aus jüdischer Sicht liest sich die Ansiedlung in Speyer so: »Dies [Die Ansiedlung] geschah in der Folge des Brandes, welcher in Mainz ausgebrochen war [...]. Das ganze Viertel der Juden brannte ab, auch die Gasse der Christen. Und wir waren in großer Angst vor den christlichen Stadtbewohnern. Damals kam ein Freund aus der Gemeinde von Worms, ein Buch in der Hand haltend, und sie glaubten, es wäre Gold oder Silber und erschlugen ihn. [...] Unser Rabbiner sagte zu den geängstigten Juden: Jetzt fürchtet euch nicht mehr, dieser wiegt alle auf [d. h.: Sein Tod wird den Verfolgern genügen]. Und damals beschlossen wir, von dort auszuwandern und uns niederzulassen, wo wir eine befestigte Stadt finden würden. [...] Der Bischof [Rüdiger Huzmann] nahm uns freundlich auf, schickte sogar unseretwegen seine Obersten und Ritter [als Geleit]. Darauf wies er uns die Enden der Stadt an und versprach uns, uns mit einer Mauer mit Toren und Riegeln zu umgeben, um uns vor den Verfolgern zu schützen [...]. Und er liebte uns, wie ein Mensch sein Kind liebt. Wir verrichteten unser Gebet vor unserem Schöpfer morgens und abends Tag für Tag.«

1096 schützte Bischof Johannes I. die jüdische Gemeinde vor der Verfolgungswelle, die durch die Kreuzzugsbewegung ausgelöst worden war, und 1103 nahm Kaiser Heinrich IV. auch die Juden in den Allgemeinen Landfrieden auf. Um 1100 wurde von Handwerkern des Domes die Synagoge errichtet. Die Stadt besaß neben Worms und Mainz eine der bedeutendsten jüdischen Gemeinden des mittelalterlichen Deutschlands und eine der bedeutendsten Talmudschulen. Die Speyerer Juden pflegten weitläufige Verbindungen im Fernhandel. Aus der Speyerer Familie Kalonymos stammten angesehene Verfasser religiöser Schriften. Als Zeugnisse des jüdischen Lebens sind die Ostwände der Männer- und Frauensynagoge und v. a. das Kultbad, die Mikwe, aus der Zeit um 1110 bis 1120 erhalten. Letzteres ist das wichtigste erhaltene Baudenkmal der Speyerer Juden aus spätsalischer Zeit. Es wurde, wie die Synagoge, von christlichen Bauleuten der Dombauhütte erbaut und zeugt von dem Ansehen, das die Juden am Ende des 11. und zu Beginn des 12. Jahrhunderts in Speyer besaßen.

Das Zentrum der jüdischen Ansiedlung befand sich in der Umgebung der Synagoge. Die heutige Kleine Pfaffengasse hieß damals Judengasse, und die heutige Judengasse hieß ehemals Meischergasse. In unmittelbarer Nachbarschaft der jüdischen Einrichtungen befanden sich christliche Wohnhäuser und der Schönauer Hof, einer von mehreren Klosterhöfen in Speyer,

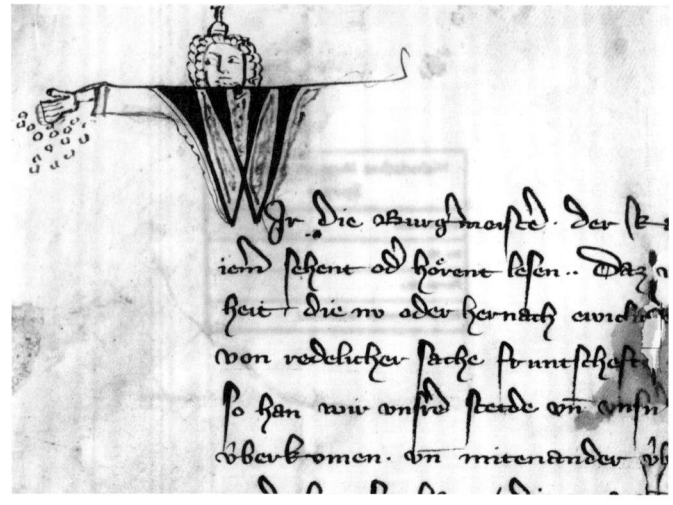

Geld werfender Jude als Initiale einer Urkunde von 1352, mit der in Speyer wieder Juden zugelassen wurden.

wie sie v. a. Zisterzienserklöster unterhielten (Maulbronner Hof, Eußerthaler Hof); sie verkauften dort ihre überschüssigen landwirtschaftlichen Erzeugnisse an die Stadtbevölkerung. Weitere Bestandteile des Judenhofes waren ein Versammlungs- und Tanzhaus, in dem der Judenrat zusammentrat und in dem die Feste der Gemeinde gefeiert wurden, bisweilen auch private Feste wie Hochzeiten, eine Herberge zur Aufnahme durchreisender jüdischer Kaufleute und Talmudstudenten, ein Warmwasserbad zur Körperreinigung vor der Benutzung der Mikwe, ein Brunnen für kleinere, häufigere Waschungen sowie eine eigene Metzgerei und eine Bäckerei, die zur Einhaltung der jüdischen Speisegesetze dienten.

Die soziale Situation der Juden verschlechterte sich in staufischer Zeit erheblich. Sie wurden durch das Verbot anderer Tätigkeiten zum Beruf des Geldverleihers gedrängt, den sie dann mit großem Erfolg ausübten. Im Unterschied zu den Christen war es ihnen erlaubt, Zinsen für entliehenes Geld zu nehmen. Waren sie für die bischöflichen Stadtherren in Speyer von besonderer Wichtigkeit gewesen, so wurden sie nunmehr

DER POGROM DES JAHRES 1349

»Die gantze Judenschafft in der Statt Speyr sampt Haab und Gütern verdirbt durch Fewers Brunst Anno 1349. Davon die Statt und Burger Schaden kommen. [...] Anno 1348 und im folgenden Jar ist in Italia, Franckreich unnd Teutschlandt ein sehr groß Volck von böser Infection verstorben, und auf die Juden Verdacht gewachsen, daß sie durch die Vergifftung der Brunnen unnd Wasser solche sterbende Läuff verursacht, Deßhalben man sie an etlichen orden zur Tortur gezogen, und als Theils auß Schmerzen der Marter des Bezichts gestanden, hat man ohne Underschiedt zu inen grieffen Mann, Weib unnd Kinder in den ReichsStätten am Rhein getödt, verbrennt und geradtbrecht, und hat deß gemeinen Pöfels grimmigs Wüten nicht gestillt werden können.« Den Geschichtsschreiber Albert von Straßburg zitiert er darauf mit folgendem Bericht: »Zu Speyr haben sich die Juden in ire Häuser versammblet, dieselbe angesteckt unnd sich sampt Weib, Kindt, Haab und Gut verbrent, etliche seynd durch den gemeine Pöfel hingericht worden, Solchs ist geschehen em Sambstag nach der H. Drey König Tag Anno 1349. Die Todten sind hin unnd wider auff den gassen gelegen, etliche seynd der Brunst entflohen, und hernach getaufft worden. Die Burgerschafft zu Speyr hat sich besorgt, es möchte vom Gestanckn der todten Cörper der Lufft vergifft werden, darumb verschafft, daß man sie in leere Weinfaß geschlagen und in Rhein geworffen. So hat auch ein Rath verbotten, daß niemand in der Juden Häuser solle gehen, unnd die Judengassen beschlossen, hernach die Schätz und ubrige Verlassenschaft lassen ersuchen, unnd sagt man, daß ein stattlichs sey gefunden worden an Golt und Silber. Herzog Ruprecht zu Beyern gab den Juden, so von Speyr unnd Wormbs entkommen, zu Heidelberg Schutz und Underschleiff, deßgleichen Engelhart vom Hirschhorn zu Semesheym auch gethan. Deßhalben die Burger auß berürten Stätten ubel mit inen zufrieden gewesen. Aber die Stätt hab von den Steinen der abgebrochenen Judenhäusern, Judenkirchhöffen unnd Mawren darumb deßgleichen den Grabsteinen newe Thürn erbawet und die StattMawrn verbessert und erhöhet unnd die gefundene Schätz zu irer Stätt Nutzen verwendet.«

für die Städte auf Grund weitreichender Verbindungen die Träger des Geldgeschäftes. Ihr wirtschaftlicher Erfolg wurde für sie während des späten Mittelalters jedoch zur tödlichen Gefahr. Durch die Verschuldung christlicher Bürger kam es zu massiven Judenverfolgungen. Der Chronist Christoph Lehmann berichtete in der ersten Auflage seiner Speyerer Chronik über den Pogrom des Jahres 1349 (s. Kasten S. 39). Vertreibungen wechselten ab mit Wiederzulassungen als Bewohner und Geschäftsleute, so beispielsweise im Jahr 1352. Die jüdische Gemeinde in Speyer hörte 1534 infolge Vertreibung ihrer Mitglieder auf zu bestehen. Damit erlosch für lange Zeit das jüdische Leben in der Stadt.

Von der Verfolgung des Jahres 1349 zeugt ein aus Speyer stammendes, höchst eindrucksvolles Klagelied (hebr. *Selicha*) des Rabbi David Bar Meschullam. Es wurde noch bis in die 1930er-Jahre in Gottesdiensten in Deutschland und Polen gesungen, bis durch die Vernichtung der Juden durch die Nationalsozialisten der Gedanke des *Kiddusch ha-Schem* (»Heiligung des Namens Gottes«) im Judentum in der bisherigen Form nicht mehr bestehen bleiben konnte. Der Anfang des Liedes lautet:

Herr, werde nicht still über mein Blut!

Schweige nicht und ruhe nicht gegen meine Feinde!

Suche mein Blut und fordere es aus der Hand meiner Verfolger!

Bedecke nicht die Erde an der Stätte, an der es vergossen wurde!

Auf dem Weg zur Reichsstadt

Auseinandersetzungen zwischen Bischof und Stadt

Die geistliche Prägung der Stadt Speyer war keine Garantie für ein einträchtiges Zusammenwirken von Bischof und Bürgerschaft, von »geistlichem und weltlichem Regiment«. Im Gegenteil: Jahrhunderte lang kennzeichneten Auseinandersetzungen dieses Verhältnis. Sie resultierten zunächst aus den Bestrebungen der Speyerer Bürgerschaft, sich der Herrschaft des Bischofs, der damals auch Stadtherr war, zu entledigen. Dieser Prozess begann, wie bereits erwähnt, mit dem kaiserlichen Freiheitsbrief von 1111. Aufgrund der im 12. und 13. Jahrhundert einsetzenden Einbuße der bischöflichen Herrschaftsbefugnisse kam es zwischen dem Bischof und der Stadt Speyer zu heftigen Konflikten, denn während mit der steigenden

Stadtsiegel des 13. Jahrhunderts; die besondere Bedeutung des Domes für Speyer spiegelt auch das Stadtsiegel wider, das sowohl den Dom als auch die Gottesmutter Maria mit Kind, der der Dom geweiht wurde, zeigt.

Bedeutung des Rates die Selbstständigkeit der Stadt zugenommen hatte, lagen die wirtschaftlich bedeutsamen Rechte immer noch in der Hand des Bischofs: Abgabenerhebung und Münzprägung. Das Domkapitel dagegen behauptete als eigenständige Institution seine Rechte einerseits gegen den Bischof, andererseits gegen die Stadt, darunter das Schankrecht.

Die Grenze zwischen städtischer und bischöflicher Hoheit markierte der 1314 urkundlich erwähnte Domnapf, an dem 1490 die Inschrift angebracht wurde, die seine Funktion erläutert: »Was will, so überlegst du, dieser Napf, hohl wie eine Schale. / Wenn ein neuer Bischof in Begleitung der Schar der Vornehmen / zu Pferde diese Stadt betritt, so gießt er hier hinein Bacchus' Geschenke. / Vor dem Tempel der Jungfrau steht er gleichzeitig als Ende und Grenze / der Kirchen und des Klerus, als Asyl der Freiheit / und wird Zuflucht, Hafen und Altar für die Angeklagten.«

Die Inschrift ist mit der Jahreszahl der ersten Anbringung sowie mit dem Wappen des Bistums Speyer (Richtung Stadt) und des Bischofs Ludwig von Helmstatt (Richtung Dom) versehen. Sie erklärt den Domnapf erstens als Ort der Weinspende eines neu einziehenden Bischofs an die Bürger, als Grenzstein zwischen Stadt und Domhoheit und als Asylort für Angeklagte. Außerdem diente er der Stadt als Ausgangspunkt für Strafmaßnahmen, wie z. B. die Monatsrichterordnung der Stadt vom 2. Juni 1314 zeigt: »Eine Frau, die eine Strafe für Worte oder Werke bekommt und die Strafpfennige nicht bezahlt, soll einen Stein, der dazu gemacht ist, vom Napf bis an das Altburgertor [das heutige Altpörtel] tragen, ohne Mantel und unbekleidet zwischen Prim und Sext [also vormittags].«

Am Karfreitag des Jahres 1277 brach ein regelrechter Aufstand der Speyerer Bürger gegen den Bischof aus, in dessen Verlauf der Domdekan Albert von Mußbach auf seinem Weg zum Dom erschlagen wurde. Er galt als unerbittlicher Verteidiger der geistlichen Sonderrechte. Der damals regierende Bischof Friedrich von Bolanden († 1302) gab in diesem Konflikt nach und schwor im April 1280, sämtliche Privilegien der Stadt zu achten sowie alle Maßnahmen, die der Stadtrat beschließen würde, zu respektieren. Damit erkannte der Bischof zum ersten

Domnapf vor der Westfassade des Speyerer Doms.

Mal vorbehaltlos die Freiheiten der Stadt und die Unabhängigkeit des Stadtrats an. Das Verhältnis blieb jedoch weiterhin angespannt. Dabei nutzten die Bischöfe bisweilen auch Streitigkeiten der Ratsfamilien untereinander, um ihrem jeweils eigenen Kandidaten in den Rat zu verhelfen.

König Rudolf von Habsburg versuchte 1284, zwischen den Parteien zu vermitteln, doch war die erzielte Einigung nur von kurzer Dauer. Nach massiven Vorwürfen gegen Bischof Friedrich von Bolanden, dem schwerste Amtsverletzungen gegenüber der Stadt vorgehalten wurden, schloss dieser am 31. Oktober 1294 mit der Bürgerschaft einen Vertrag, um die Auseinandersetzungen zu beenden. Er verzichtete auf sein Steuererhebungsrecht, seine polizeiähnlichen Befugnisse und die Bestellung der städtischen Beamten und Gerichtsherren. Er durfte sie künftig nur noch bestätigen. Damit schränkte er seine Herrschaft über

Urkunde vom 31. Oktober 1294 mit den Siegeln von Bischof Friedrich von Speyer, Bischof Konrad von Toul und Abt Johann von Himmerod. Mit dieser Urkunde verzichtete der Speyerer Bischof auf sein Steuererhebungsrecht, auf herrschaftliche Befugnisse und auf die Bestellung städtischer Beamte. Die städtische Selbstverwaltung war damit anerkannt.

die Stadt wesentlich ein und erkannte die administrative und jurisdiktionelle Selbstständigkeit der städtischen Führung sowie ihrer Organe an. Die Stadt hatte aufgehört, im bisherigen Sinne Bischofsstadt zu sein; sie war auf dem Weg, Reichsstadt zu werden. Deshalb hielt sich der Bischof nur noch selten in Speyer auf, wo er auf den engen Bereich um den Dom eingeschränkt blieb. Der Domnapf war Grenze seines Herrschaftsbereiches zur Stadt hin und erinnerte ständig an die bischöfliche Niederlage.

Noch einmal kam es 1291 zu einem besonderen Begräbnis im Dom, als König Rudolf von Habsburg beigesetzt wurde. Sein hohes Ansehen, das er sich aufgrund der Wahrung des Landfriedens, der Durchsetzung des Friedens zwischen den Fürsten und den Grundherren im Reich, erworben hatte, führte nach seinem Tod zu zahlreichen Legenden, u. a. zu der Sage von seinem »Grabritt«, die von Dichtern wie Justinus Kerner, Heinrich Jakob Fried und Martin Greif (eigentlich Friedrich Hermann Frey) in Verse gefasst wurde.

Die Konflikte verschärfen sich: das 14. Jahrhundert

Um die Jahreswende 1301/02 lebten die Spannungen zwischen Klerus und Bürgern von neuem auf. Aus Angst vor Verfolgung durch die Bürger war ein Teil der Dompfründner aus Speyer geflüchtet. Auch das Domkapitel hielt keinen Gottesdienst mehr im Dom; es verließ die Stadt und suchte Schutz in Lauterburg. Dort wurde eine vom Domkapitel gegen die Speyerer Bürger gerichtete Wahlkapitulation verfasst und festgelegt: Der zu wählende Bischof durfte ohne Zustimmung des Domkapitels keine Übereinkunft mit der Bürgerschaft treffen und sollte die Selbstständigkeitsbestrebungen der Stadt mit allen Mitteln bekämpfen. Alle Zugeständnisse und Privilegien Bischof Friedrichs für die Speyerer Bürger waren zu widerrufen; der Bischof sollte versuchen, sein Recht auf die Besetzung des Stadtrats wiederzuerlangen.

Der Nachfolger Friedrichs von Bolanden († 1302), Bischof Sigibodo von Lichtenberg (1302/03–1314), lehnte es zunächst ab, der Bürgerschaft die Rechte zu bestätigen, die sie seinem Vorgänger abgerungen hatte. Sie verweigerte ihm daraufhin Huldigung und den feierlichen Einzug in die Stadt. Sigibodo untersagte den Gottesdienst und traf kriegerische Vorbereitungen. Es entwickelte sich eine Fehde zwischen Bürgerschaft und Klerus, die fast sieben Monate dauerte. Die Geistlichkeit musste schließlich nachgeben. Am 4. Oktober 1302 kam ein Vertrag

zustande, in dem die Bürger fast alle ihre Forderungen gegenüber dem Bischof durchsetzen konnten. Nach langen Verhandlungen und erst durch Vermittlung König Albrechts ließ sich
der Bischof dazu bewegen, die Privilegien der Stadt zu bestätigen. Er musste des Weiteren versprechen, sich mit allen vom
Rat festgesetzten Anordnungen zufriedenzugeben und – gegen
seine Wahlkapitulation – die von Bischof Friedrich gemachten
Zugeständnisse wiederholen. Damit verzichtete er auf alle Ansprüche bischöflicher Stadtherrschaft und erkannte die Herr-
schaftsrechte des Rates in Speyer an.

Die Komplexität des Rechtsverhältnisses zwischen Bischof
und Stadt spiegelt das Zeremoniell beim Einzug eines neuen
Bischofs in die Stadt wider, das Christoph Lehmann aufgrund
einer alten Urkunde beschrieb.

ZEITZEUGE

EINZUG EINES NEUEN BISCHOFS IN DIE STADT

»Auf den Tag des Einritts reiten der regierenden Bürgermeister
einer sampt den Altermeistern und andern der Stadt zugehörigen
sampt den Reisigen, unter denen der Hauptmann der Stadt Paner
führt, mit Drommeten alle in guter Ordnung entweder gerüst
oder wol gebutzt aus dem Rath-Hof ... Wenn der Fürstliche Zeug
am heiligen Creutz-Thor ist, steigen Ihro Fürstl. Gnaden der Herr
Bischoff ab, begeben sich in den nächsten Garten in eine Behausung, legen daselbst seine zierliche Kleidung an und lassen ihre
Gegenwart durch Dero Adelichen Beampten einen vermelden
und fragen, wie stark man dieselbe zum ersten wolle einlassen.
Antwort der Bürgermeister mit der Anzahl, wie man sich verglichen, dieselbe ist auffs Höchst funffzig Pferd darauff die, so auff
und an das Thor bestellt, acht haben, daß über die bestimmte
Zahl keiner hinein komme. So Ihr. Fürstl. Gnaden damit eingezo-
gen und das Thor wieder beschlossen, theilt sich die Reuterey
auff dem geraumen Platz ab und biethen Ihr. Fürstl. Gnaden, den
Burgermeistern und Dero zugeordneten die Händ, und spricht
der Burgermeister Ihr. Fürstl. Gnaden nach altem Herkommen
folgenden Inhalts an: Hochwürdiger Fürst, Gnädiger Herr, Eure
Fürstliche Gnaden seynd ingedenck, was zwischen Derselben
und einem E[hrwürdigen] Rath E[wer] Fürstl. Gn[ädigen] Einritts
halben abgehandelt worden, wofern nun Dieselbe darum da

einem Rath der Stadt und den Bürgern zu Speyr ihre Freyheit, Privilegien und Recht mit besiegeltem Brieff und Huldigung, als sich gebührt und E. Fürstl. Gnaden Vorfahren auch gethan, zu betättigen, sie auch bey Recht und Freyheit bleiben zu lassen und ihnen darüber besiegelte Confirmation zu übergeben, so will darauf E. Fürstl. Gnaden ein E. Rath einlassen, empfahen und alles dasjenige tun, was sich gebührt und derselben Vorfahren auch gethan haben. Antworten Ihr Fürstl. Gnaden mit: Ja, sie seyen darum da. Darauff wird von deren Räthen einem dem Stadtschreiber der Confirmation-Brieff übergeben, welchen derselb öffentlich vorm gantzen Umstand klar und verständlich abliset. Darneben wird von der Stadt Advocaten einem des abgestorbenen Herrn Bischoffs Confirmation-Brieff abgehört.

Wenn denn der alt und neu Brieff gleichlautend befunden, so redt der Bürgermeister ferner: Gnädiger Fürst und Herr, was derverlesen Brieff innhält, das wollten E. Fürstl. Gnaden mit Hulden (oder mit Legung der Rechten auff die lincke Brust) bestättigen. Antword Ihr Fürstl. Gnaden: Was sie einem Rath und der Stadt Speyr zugesagt und mit Brieffen bestättigt, das wollen sie treulich halten (legen die rechte Hand auff die lincke Brust), als Ihr Gott helfe.

Wenn diß also zwischen den beschlossenen Thoren verricht, gibt der Burgermeister Losung, den Bischofflichen reisigen Zeug, so vorm Thor, biß die Huldigung geschehen, gehalten, einzulassen, nach der Zahl, deren man sich verglichen, auffs höchst 350, und nicht darüber [...] und wird das Thor nach denselben wieder beschlossen. Auff solches wird auff gegebene Losung das zweyte Thor bey Sanct Gilgen geöffnet, und wann der gantze Zeug durch die Vorstadt (darin etliche Rotten aus der Bürgerschafft und nach Gelegenheit auch frembde Soldaten in Rüstung mit ihren Spielen gestellt seyn) an das Altburg-Thor kommt, beschleust man wieder das Thor zurück und hält man daselbst biß auff des Regierenden Burgermeisters, so in der Stadt ist, ertheilte Losung. Alsdann eröffnet man das Altburg-Thor und zeucht der Stadt Reuterey vorher, die Fürstliche hinnach, theils der Bürgerschafft haltend an den Schlägen und Ketten der Straßen in der Stadt, die Rotten sämptlich in einer Schlacht-Ordnung auf dem Marck in ihrer Rüstung, sampt etlichen groben Geschützen. Auffm Marck vor eines Raths oder Bürgers Behausung, wie sichs fügt, werden Schrancken geschlagen, daß sich niemand kann eindringen. Daselbst wartet der Bürgermeister, so in der Stadt verblieben, sampt etliche Zugeordneten des Raths und bey denselben steigen der regierende und zween alte Burgermeister und Stadtschreiber, so geritten, ab und theilen sich die reisigen auf die andere Seite des Marckts gegenüber. Inwendig den Schranken steigen Ihr Fürstl. Gn. der Herr Bischoff ab, gehen in die Behausung und werden daselbst vom anderen Burgermeister ohngefählich mit solchen Worten empfangen: Hochwürdiger Fürst, Gnädiger Herr, Bürgermeister und Rath dieser Stadt seynd E. Fürstl. Gn. glücklichen Ankunfft insonders erfreuet, lassen dieselbe unterdienstlich empfahen und seynd der Zuversicht, es werde derselben Einritt gemeiner Stadt zu Nutz und Wolfahrt gereichen, wie sie sich zu Ihrer Fürstlichen Gnaden gnädigen und nachbarlichen Willens ohnzweiffenlich getrösten mit unterdienstlicher Bitt, Sie wollen gemeiner Stadt jederzeit mit Gnaden gewogen bleiben. Darauff sich Ihre Fürstliche Gnaden gnädig erbieten. Nach solchem bekleiden sie sich in ein weiß Rocket, gehen darnach zwischen den Burgermeistern aus der Behausung, und vor und hernach die Fürstlichen Hof-Junckern, Räthe, Beampte und andere zum Münster. Beym Napff gegen dem Münster nehmen die Burgermeister von Ihrer Fürstlichen Gnaden ihren Abschied und verfügen sich in Rath-Hof gegen über.«

Noch war die Eigenständigkeit der Reichsstadt nicht endgültig gegenüber dem Bischof verteidigt, als die Machtkämpfe zwischen Hausgenossen – einer aus ehemaligen bischöflichen Amtsträgern und vermögenden Kaufleuten bestehenden patrizischen Gruppierung – und Zünften um die Besetzung des Rates erneut aufflammten. Sie erreichten 1330 mit dem sog. Severinsaufruhr einen Höhepunkt, der sich im Gedächtnis der Stadt niederschlug und 1349 zur Einführung einer reinen Zunftverfassung führte: Seit einer Verfassungsänderung von 1327 saßen im Rat 15 Hausgenossen 16 Zunftvertretern gegenüber. Diesen Machtverlust wollten die Hausgenossen, die zuvor den Rat allein besessen hatten, nicht hinnehmen und planten, die Stadt mit militärischer Hilfe verbündeter Adelsfamilien zu unterwerfen und die Zunftvertreter für deren Anmaßung zu bestrafen. Durch eine rechtzeitig eingegangene Warnung misslang der Aufstand in der Nacht vom 22. auf den 23. Oktober (St. Severinstag) jedoch und endete nach der Vermittlung verbündeter Städte (darunter Straßburg und Worms) mit einem Sühnevertrag, der zunächst die Ratsbesetzung paritätisch (14:14) festlegte, die Spannungen zwischen den beiden Machtblöcken aber nicht zu lösen vermochte.

In dem sehr bewegten und die Bürger bewegenden Jahr 1349, das durch eine drohende Pest, das Auftauchen von Geißlern, die Verfolgung der jüdischen Gemeinde und einen für eine Reichsstadt stets gefährlichen Thronstreit zwischen Wittelsbachern und Luxemburgern gekennzeichnet war, wurde den Hausgenossen die Schuld an einer Münzverschlechterung angelastet, durch die großer wirtschaftlicher Schaden entstanden war. Diese Gelegenheit nutzten die Zünfte, um die Hausgenossen politisch auszuschalten und auf den Rang einer einzigen Zunft neben 14 anderen herabzustufen.

Die Konflikte bestehen weiter: das 15. Jahrhundert

Zu Beginn des 15. Jahrhunderts entstanden in Speyer erneut – wie auch in anderen rheinischen Städten, beispielsweise in Worms und in Mainz – heftige Auseinandersetzungen zwischen Rat und Bischof, der sich um die Wiederherstellung seiner einstigen stadtherrlichen Rechte bemühte. Bischof Raban von Helmstatt (1396–1439), Kanzler und Berater des pfälzischen Kurfürsten (seit 1398) und deutschen Königs (seit 1400) Ruprecht, versuchte ebenso wie später Bischof Matthias von Rammung (1464–1478), die Stadt wieder unter die Herrschaft der Bischöfe zu bringen. Der 1422 unternommene Versuch Rabans misslang ebenso wie derjenige Rammungs im Jahr 1466. Dank einer geschickten Bündnispolitik, aber in erster Linie durch schwere finanzielle Lasten gelang es der Stadt, ihre Freiheit zu bewahren, anders als etwa Mainz, das als einstige Reichsstadt 1460 wieder der bischöflichen Hoheit unterworfen wurde. Die Streitigkeiten zwischen dem Bischof und dem Stadtrat bewirkten allerdings einen politischen und wirtschaftlichen Niedergang Speyers.

Seit 1443 war die Reichsstadt in einen Schutz- und Schirmvertrag mit der Kurpfalz eingebunden. Die Stadt gewann gegen Ende des 15. Jahrhunderts wieder wirtschaftlich an Bedeutung: Die allgemeine Bevölkerungsfluktuation um und nach 1500 wirkte sich auch auf Speyer aus, das eine hohe Zuwanderung verzeichnen konnte. Diese Entwicklung wurde durch die hier abgehaltenen Reichs- und Städtetage noch gefördert. Zudem wurde auf dem Reichstag von 1526 die Verlegung des Reichskammergerichts (bis 1689) und des Reichsregiments (bis 1530) nach Speyer beschlossen.

Die Pfalz des Bischofs

Die Pfalz der Bischöfe war im hohen Mittelalter mit der Königspfalz identisch; dies ist einer Randnotiz der gegen Ende des 11. Jahrhunderts in St. Blasien entstandenen Chronik zu entnehmen, worin es heißt, dass sich die Speyerer Juden bei der Verfolgung von 1096 in die Pfalz des Königs und des Bischofs geflüchtet hätten. Die Entstehung der Pfalz dürfte in die Jahre zwischen 1039/40 und 1044/46 zu datieren sein. Die Bischofs- und Königspfalz hatte in salischer Zeit große Bedeutung: Hier sind um die Mitte des 11. Jahrhunderts die Ansätze zu einem salischen Hausarchiv entstanden, nach 1065 Teile der Reichskleinodien verwahrt worden, und am Ende des 11. Jahrhunderts bestand auch eine Zentrale der bischöflichen Finanzverwaltung. In der Zeit des Interregnums – vom Tod Konrads IV. 1254 bis zur Wahl Rudolfs von Habsburg 1273 – ging die Speyerer Pfalz in den alleinigen Besitz der Bischöfe über. Seit 1262 wird sie in den Quellen nur noch als *palatium episcopi* bezeichnet.

Wie die hochmittelalterliche Bischofs- und Königspfalz aussah, die – mit Veränderungen – bis in das frühe 17. Jahrhundert Bestand hatte, ist nicht genau bekannt. Auf einer Zeichnung von 1613 ist ein langgestreckter dreigeschossiger

Bau zu erkennen, der vom nordöstlichen Domturm bis zur Stadtmauer am Rande des Domhügels reicht. Die Pfalz ist mit ihrer nach Westen gerichteten Vorderfront zu sehen. Im Winkel zwischen Nordostturm und nördlichem Querhaus des Domes befindet sich der doppelstöckige Verbindungsbau zwischen Dom und Pfalz. Von den 1619 unter Bischof Philipp Christoph von Sötern begonnenen Um- und Neubauten im Renaissancestil ist auf dieser Zeichnung noch nichts zu erkennen. Vor der Pfalz befindet sich der sog. Freithof, der Ort, an dem der neu ernannte Bischof während des gesamten späten Mittelalters im Anschluss an seinen feierlichen Einzug in die Stadt die Huldigung der Bürgerschaft entgegennahm und die von ihm abhängigen städtischen Ämter verlieh.

Die Bischöfe von Speyer mussten – wie auch andere geistliche Fürsten am Rhein – zu Beginn des späten Mittelalters im Konflikt mit der auf Autonomie bedachten Bürgerschaft aus der Bischofsstadt weichen. Die alte, aus der Zeit der Salier stammende sog. Bischofspfalz (Residenz des Bischofs) nordöstlich des Domes war nun nicht mehr ständig bewohnt.

Mit dem Auszug der Bischöfe (1294/1302) verlor die Pfalz ihre Funktion als bischöfliches Residenzschloss. Ihr Zustand wird um die Mitte des 14. Jahrhunderts als verwahrlost bezeichnet. Verschiedentlich war sie verpfändet gewesen. Dennoch scheint 1448 ihr baulicher Zustand so gut gewesen zu sein, dass der Mainzer Erzbischof anlässlich eines Fürstentags darin wohnen konnte. 1450 wurde beim Brand des Domes auch die Pfalz beschädigt; doch waren die damals entstandenen Schäden spätestens 1454 wieder behoben.

Dass die bischöfliche Pfalz im 15. Jahrhundert erheblich an Bedeutung verloren hatte, zeigt ein Inventar von 1464. Ihre Ausstattung ist ähnlich karg wie diejenige in kleineren Schlössern des Hochstifts, etwa Deidesheim oder Jockgrim. Die Pfalz wurde nur noch selten benutzt, beispielsweise beim feierlichen Einzug eines neuen Bischofs in die Stadt.

Die Bevorzugung eines bestimmten Aufenthaltsortes lässt sich für die Bischöfe des 13. und 14. Jahrhunderts nicht feststellen. Zunächst dürfte wohl Bruchsal die Funktion einer Pfalz übernommen haben. Erst unter Bischof Raban von Helmstatt

(1396–1439) tritt Udenheim als der in Urkunden am häufigsten belegte Ausstellungsort hervor, so dass vom dauernden Wohnsitz des Bischofs in der dortigen Burg ausgegangen werden kann. Udenheim befand sich bereits seit 1316 im Besitz der Speyerer Bischöfe. 1338 konnte Bischof Gerhard von Erenberg die Stadtrechte für Udenheim erwirken.

Handel und Gewerbe im späten Mittelalter

Speyer erlebte einige Schritte des Übergangs zur Neuzeit wenn auch unbewusst, so doch hautnah mit. So wurde es 1471 durch die Druckereien von Peter Drach sowie von Johann und Conrad Hist zu einem der ersten zehn Druckorte des Reiches und zu einem der ersten 20 weltweit; es waren nicht wenige Speyerer unter den Verbreitern der Schwarzen Kunst, so z. B. in Venedig. Der erste Postweg des Reiches, der von Franz von Taxis 1490 eingerichtet wurde, führte durch Speyer. Die Poststation musste jedoch im gegenüberliegenden Rheinhausen untergebracht werden, weil der Rat der Stadt Speyer das ständige Offenhalten der Stadttore ablehnte.

Der Bedeutung als Marktzentrum mit der wichtigen Marktstraße, der heutigen Maximilianstraße, und weiteren Märkten in und außerhalb des Stadtgeländes entsprach die Entwicklung des Außenhandels: Als bescheidene Messestadt konnte sich Speyer etablieren, besonders seit Friedrich II. 1245 die Herbstmesse begründet hatte (s. Kasten S. 53). Diese hat sich bis in die Gegenwart als Jahrmarkt erhalten. Wohl im 14. Jahrhundert war eine Frühjahrsmesse hinzugekommen. Zu den wichtigsten in Speyer gehandelten Gütern gehörten Wein, Tuch und Holz. Die Stadt selbst war geprägt von kleinen und mittleren Kaufleuten.

GRÜNDUNGSURKUNDE DER SPEYERER HERBSTMESSE, 1245

»[...] Bisher schon sind an geeigneten Plätzen allgemeine Märkte eingerichtet, so dass das allgemeine Wohl, soweit und so umfassend der menschliche Fleiß dafür verantwortlich ist, durch regelmäßig abwechselnde Märkte sichergestellt ist. Ausgehend davon glauben wir, für den Nutzen der Untertanen sorgend, ebenso die grundliegenden Anliegen der Menschen und ihre Sorgen durch wohlwollende Umsicht voraussehend, dass die Stadt Speyer geeignet und geschätzt ist, beiderseitigem Nutzen zu dienen und bestimmt werden muss, jährlich eine allgemeine Messe vom Fest der heiligen Apostel Simon und Judas [28.10.] durch 15 aufeinanderfolgende Tage hindurch abzuhalten, wobei wir festlegen, dass ebendort unter unserem und des Reiches Schutz ebenso die benachbarten wie die weiter entfernt wohnenden Leute zusammenkommen mit ihren Waren, um, wie es üblich ist, gemeinsam nützliche Geschäfte zu treiben, während an denselben Tagen für die benachbarten Märkten keine Möglichkeit bestehen soll, diese besondere Begünstigung zu schmälern. Deswegen beauftragen, befehlen und bestimmen wir, unter Bestätigung dieser Anordnung durch die Anwesenden, dass alle, die der Nutzen des Handels, der dort getrieben werden soll, und die Vorteile der Messe anreizt, soweit sie am benannten Platz zur benannten Zeit unter unserem und des Reiches Schutz geleitet werden, mit ihren Waren, Handelsgütern und sonstigem Besitz, den sie üblicherweise für den Handel und zum allgemeinen Nutzen mit sich führen, frei und ungehindert zusammenkommen, um die oben genannte Messe abzuhalten, und dass allen, die zu ihr kommen, sich bei ihr aufhalten und zu ihr zurückkehren, sichere Ruhe [...] garantiert werde, und was sie an Personen [...] mit sich führen, in jeder Hinsicht unverletzt bleibe und niemand wage sie anzugreifen [...], bis sie zu dem eingegrenzten Ort kommen und unter demselben, unserem und des Reiches Schutz unversehrt in ihre Heimat zurückkehren. [Jeder soll wissen, dass] jeder, der unserem Auftrag leichtfertig zuwiderhandelt, in unsere und des Reiches Ungnade und Bestrafung fällt, diejenigen aber, die Friede und Unversehrtheit bewahren, die Gnade unserer Unterstützung erhalten. [...] Gegeben zu Verona, im Jahre nach der Fleischwerdung unseres Herrn 1245, im Monat Juli.«

Im Zeichen der Glaubenskämpfe

Ehre und Belastung zugleich: die Reichstage

Die Speyerer Reichstage des 16. Jahrhunderts stellten zweifelsohne Höhepunkte in der Stadtgeschichte dar. Ihre Ausrichtung bedeutete für die Stadt gleichermaßen hohe Ehre und große Belastung. Einerseits wurde hier mehrfach über die Geschicke des Reiches entschieden, andererseits bewirkte der Einzug der Fürsten und ihres riesigen Gefolges, die alle ernährt und ihrem Rang gemäß beherbergt sowie in ihrer Freizeit unterhalten werden mussten, auch regelmäßig Teuerungen, gegen die die ebenso regelmäßigen Verordnungen des Rates nichts ausrichteten, und enormen logistischen Aufwand.

In den konfessionellen Auseinandersetzungen der Zeit spielten die Speyerer Reichstage von 1526 und 1529 für die Festigung der Reformation die entscheidende Rolle. Auf dem Wormser Reichstag von 1521 waren über Martin Luther die Reichsacht verhängt und die Lektüre und Verbreitung seiner Schriften verboten worden. Auf dem Speyerer Reichstag 1526, bei dem die reformatorisch gesinnten Reichsfürsten eine Minderheit gegenüber den Altgläubigen bildeten, wurde nun ein Aufschub für die Durchführung des Wormser Edikts von 1521 erreicht: Jeder Reichsstand könne bis zu einem Konzil so verfahren, wie er es vor Gott und dem Kaiser verantworten zu können glaube. Damit war es den Reichsständen gestattet, in ihren Territorien die Reformation einzuführen.

Auf dem Speyerer Reichstag von 1529 kam es erneut zur Verhandlung der Konfessionsfrage. Gestärkt von den politischen Erfolgen Kaiser Karls V., war sein jüngerer Bruder und Statthalter König Ferdinand zur Unterdrückung der Reformation fest entschlossen. Er verlangte die Aufhebung des Beschlusses von 1526 und scharfe Maßnahmen zur Aufrechterhaltung der alten kirchlichen Ordnung. Die Mehrheit der Reichsstände stimmte dem zu und fasste einen entsprechenden

Abschied. Sie beschloss die strikte Einhaltung des Wormser Edikts in den katholischen Gebieten und den Stillstand der Reformation in den evangelischen Städten und Ländern.

Gegen diesen Reichstagsabschied protestierte eine Minderheit von Reichsständen, die sich zur Reformation bekannte, unter Führung von Hessen und Kursachsen. Sie erklärte den Reichstagsabschied für ungültig, weil in Religionssachen jeder Reichsstand für sich selbst einstehen müsse und deshalb Mehrheitsbeschlüsse keine Verbindlichkeit hätten. Die entscheidende Passage der Protestationsschrift lautet: »Und wo aber je dises dritt anzaigen unser merklichen beschwerden bei e. kgl. d., l. [Eurer königlichen Durchlaucht, Liebden] und euch den andern kein stat finden noch haben wolt, so protestirn [protestieren] und bezeugen wir hiemit offenlich vor gott, unserm ainigen [einzigen] erschaffer, enthaltern [Erhalter], erlosern und seligmachern [...], auch fur alle [vor allen] menschen und creaturen, das wir fur uns, die unsern und aller meniglichs halben in alle handlung und vermeint abschied [Reichstagsabschied], so wie vorberurt in gemelten oder andern sachen wider gott, sein h. wort, unser aller selen hail und gut gewissen, auch wider den vorigen angezogen speierischen reichsabschied furgenommen, beschlossen und gemacht werden, nit gehellen [nicht zustimmen] noch willigen [einwilligen], sonder aus vorgesatzten vnd andern redllichen, gegrundten ursachen fur nichtig und unpundig [unbündig] halten, das wir auch dawider unser notturft offenlich ausgeen lassen und der ro. ksl. m. [der römischen kaiserlichen Majestät], unserm allergnedigsten herrn in disem handel weiter grundlichen und warhaftigen bericht tun, wie wir uns desselben gestern nach gegebnem vermeintem abschied alspald durch unser in der eil getane protestacion [Protestation], die wir auch hiemit wider erholen [wiederholen], offenlich vernemen lassen, und daneben erpotten [erboten] haben, das wir uns nichtzdestweniger mitler weil gemelts gemainen und freien christlichen concilion oder nacionalversamlung vermittelst gottlicher hilf vermöge und inhalts des vilberurten vorigen speierischen reichsabschieds in unsern obrigkeiten, auch bei und mit unsern undertanen und verwandten also halten, leben und regirn, wie wir das gegen dem allmechtigen gott und ro. ksl. m. [römischer kaiserlicher Majestät], unserm allergnedigsten hern, als ainem christlicher [sic!] kaiser hoffen und getrauen zu verantworten.«

Auf dieser Speyerer Protestation von 1529 basiert der Name »Protestanten«. Beteiligt waren sechs Fürsten und 14 oberdeutsche Städte: Kurfürst Johann von Sachsen, Markgraf Georg von Brandenburg-Ansbach, Landgraf Philipp von Hessen, Fürst Wolfgang zu Anhalt und die Herzöge Ernst und Franz von Braunschweig-Lüneburg sowie die Städte Straßburg, Nürnberg, Reutlingen, Ulm, Konstanz, Lindau, Memmingen, Kempten, Nördlingen, Heilbronn, Isny, St. Gallen, Weißenburg und Windsheim. Speyer als Gastgeber unterschrieb – wie auch die Kurpfalz – den Mehrheitsbeschluss. Die pfälzischen Landesherren und Städte gehörten auf dem Speyerer Reichstag von 1529 noch zur katholischen Reichstagsmehrheit.

Der Speyerer Reichstag von 1529 ging »als Geburtsstunde des protestantischen Glaubens« in die Geschichte ein. Zwei unversöhnliche Religionsparteien verließen damals die Zusammenkunft. Eine totale Konfrontation zwischen den beiden konfessionellen Lagern blieb zunächst noch aus.

Der Reichstag von 1570, der letzte, der in Speyer stattfand, überstieg die Möglichkeiten der Stadt und bereitete ihr große Versorgungsschwierigkeiten. Sie zählte damals rund 7900 Einwohner. Im Laufe des 16. Jahrhunderts war die Bevölkerung von etwa 7000 auf etwa 8000 Einwohner angewachsen.

Die Reformation hält Einzug in die Stadt

Im Bistum Speyer fanden die Gedanken der Reformation relativ früh Eingang. So war Martin Bucer (1491–1551), der in der Pfalz wirkte, neben Martin Luther und Philipp Melanchthon, der in der Kurpfalz geboren war, wohl der bedeutendste der deutschen Reformatoren. In der Pfalz sind des weiteren Johann Bader und Johannes Schwebel zu nennen. Nicht als Theologe, aber als entschiedener Vertreter der Reformation nahm auch Franz von Sickingen – übrigens ein Schwager des Speyerer Bischofs Philipp von Flersheim – Einfluss auf die Entwicklung in der Region.

Die Speyerer Bischöfe selbst hatten schon seit langem die Versäumnisse des Klerus namentlich in den Pfarreien beklagt und zu einem würdigeren Lebenswandel und Dienst gemahnt. Auch das Zeugnis Bartholomäus Sastrows, der Speyer 1542 besuchte und vom Dompropst berichtet, dass er zwar den römischen Dichter Terenz, nicht aber die Briefe des Apostels Paulus gelesen habe, weist Teile des Klerus als theologisch wenig kompetent aus.

In Speyer gab es schon bald viele Anhänger der neuen Lehre. Bei der Prozession zum St.-Guido-Stift führten die katholischen Gläubigen 1529 keine Andachtsbilder und Reliquien mehr mit, um sie nicht dem Gespött auszusetzen. Der Speyerer Rat sympathisierte schon früh mit der lutherischen Lehre, ohne sich ihr zunächst anzuschließen. Erst auf Grund eines Gutachtens der sog. »Dreizehner«, eines 13-köpfigen Männerkollegiums, am 27. November 1538 beschloss er, evangelisch gesinnte Prediger zu unterstützen, nachdem bereits in den 1520er-Jahren Gottesdienste mit lutherischen Predigten und anderen lutherischen Elementen in der Stadt abgehalten worden waren. An der Ägidienkirche predigte bereits seit 1532 der Karmeliterprior Anton Eberhardt, vom Magistrat als Prediger anerkannt, Luthers Lehre. Nun sollte auch der reformatorisch gesinnte Augustinerprior Michael Diller »nicht je zuweilen, sondern alle Sonntag frühe in seiner Klosterkirch dem Volk predigen«. Eberhardt und Diller wurden aber erst 1540 als lutherische Prediger angestellt. Das Jahr 1540 kann somit als das Reformationsjahr Speyers angesehen werden. Wie lange Eberhardt an der Ägidienkirche predigte, ist nicht genau nachzuweisen; jedoch war er spätestens 1543 nicht mehr dort. Nach ihm kamen wieder katholische Priester in dieses Gotteshaus. Während der Aufenthalte des Kaisers in Speyer 1541 und 1544 musste Diller seine Tätigkeit unterbrechen und nach dem Augsburger Interim (1548) die Stadt endgültig verlassen.

Die Folgen der reformatorischen Bewegung machten auch vor den Speyerer Klöstern nicht halt. Konnte noch 1538 das Augustinereremitenkloster als »Hort des alten Glaubens« bezeichnet werden, so verbreitete von dort aus Prior Diller wenig später die lutherische Lehre. 1541 waren das Augustinereremiten- und das Karmeliterkloster wohl schon nicht mehr besetzt, während im Dominikanerkloster noch 1544 Messe gehalten wurde. Der rheinisch-schwäbischen Augustinerprovinz gelang im Verlauf des Augsburger Interims – die Stadt Speyer nahm die Bestimmungen an – wieder eine provisorische Besetzung des Augustinereremitenklosters. Im Dezember 1552 waren alle Speyerer Klöster offensichtlich wieder besetzt. Doch der Anspruch der Stadt auf die mittelalterliche Tradition der Güterverwaltung bei den Bettelorden, zu denen die Dominikaner und die Augustinereremiten zählten – es wurden dafür eigens weltliche Pfleger eingesetzt –, führte dazu, dass Klostergebäude zunehmend entfremdet, also für andere Zwecke genutzt wurden.

1540 kam es zur Einrichtung der – evangelischen – Ratsschule, die bereits 1525 nach Luthers Aufforderung an die Ratsherren der Städte geplant worden und die zunächst im Dominikanerkloster untergebracht war. Sie war allerdings nicht nur aus konfessionellen Gründen notwendig geworden – unterrichtet wurde streng geschieden nach dem jeweiligen Bekenntnis –, sondern sie sollte auch der Domschule und den Stiftsschulen Konkurrenz machen, die seit dem Spätmittelalter einen starken Niedergang erfahren hatten. Die erste Schulordnung, die einen Einblick in das Schulleben der damaligen Zeit gewährt, verfasste der erste Schulleiter, Johann Myläus aus Niederolm (s. Kasten S. 59f.).

Nach dem Augsburger Religionsfrieden (1555) ernannte der Rat wieder evangelische Prediger für die Augustinerkirche. 1570 kam mit dem Provinzial sogar eine vertragliche Vereinbarung über das Nutzungsrecht der Protestanten am Langhaus zu festgelegten Zeiten zu Stande. Ab April 1595 fanden in der Franziskanerkirche erstmals evangelische Predigt und Abendmahl statt. 1569 forderte der Stadtrat von den Dominikanern die Mitbenutzung der Konventskirche; dabei argumentierte man mit der Notwendigkeit, die Klostergebäude in rechten Gebrauch zu bringen, zumal die Protestanten der Stadt auf die Mitbenutzung angewiesen seien. Prior Heinrich Stehel und der einzig noch verbliebene Konventuale verwahrten sich dagegen; vergeblich hatte der Prior darauf aufmerksam gemacht, dass Kaiser Karl V. nach 1548 bereits die Stadt aufgefordert

DIE ERSTE SCHULORDNUNG SPEYERS

»Der Bürgermeister und der Rat der Kaiserlichen und Freien Stadt Speyer. Nachdem wir die Ordnung unserer Schule, die uns jüngst von Magister Mylaeus, deren Leiter, vorgelegt wurde, gesehen und gehört haben, haben wir beschlossen: In [dieser Schule] soll es vier Knabenklassen geben. Die erste [umfasst diejenigen], die bereits die Gesetze der Grammatik ungefähr beherrschen, die zweite diejenigen, die die Gesetze der Grammatik gerade lernen, die dritte diejenigen, die gerade lernen, fließend zu lesen, und die vierte die Elementarschüler. Das Folgende sollen die Jungen in den vier Klassen in höchstens vier Stunden täglich üben: Sie sollen jeden Morgen [...] das Gebet des Herrn, den englischen Gruß, das apostolische Glaubensbekenntnis, die Zehn Gebote sprechen. An den Sonntagen sollen sie zu den Predigten des Augustiner-Priors geführt werden. Im Übrigen sollen die Schüler der ersten Klasse morgens in der ersten Stunde täglich abwechselnd Rhetorik und Dialektik hören. Damit sie am besten ihren Stil üben, sollen sie [...] über Themen disputieren [...] [und] zu vom Lehrer vorgeschriebenen oder selbst erfundenen Thesen Briefe schreiben, wobei ihnen Briefe Ciceros oder Policians als Vorbild dienen dürfen. In der zweiten Stunde sollen sie aus den Dialogen des Erasmus folgende lesen: Monita Pedagogica, Pueralis Pietas, Senile Colloquium et Libellus de Civilitate Morium Puerorum. Dabei sollen die Regeln der lateinischen Grammatik geübt werden. Wenn aber über Erasmus' Wortschatz gelesen werden soll, dann in derselben Stunde, wenn ein Dialog des Erasmus zu Ende gelesen ist. In der dritten Stunde sind die Komödien des Terenz an der Reihe. Damit aber das Gedächtnis der Knaben nicht zu sehr mit Auswendiglernen belastet wird – schließlich kann nicht jeder alles –, soll es genügen, dass sie wenigstens zwei Komödien im Jahr öffentlich vortragen. Vierte Stunde: Vergil, Aeneis. Die Knaben der zweiten Klasse mögen in der ersten Stunde die Grammatik Melanchthons hören, in der zweiten Stunde Deklinationen und Konjugationen, dann sollen sie sich im Vortrag Donats üben, in der dritten Stunde: Wortschatz des Erasmus; in der vierten Stunde: Cato und Aesop abwechselnd. In der dritten und vierten Klasse soll der Leiter nach den Vorschriften seiner Schulordnung vorgehen. Weil alles, was nicht von Muße durchzogen ist und wo nicht zwischen den Anstrengungen auch Vergnügungen Platz haben, nicht von Dauer ist, bestimmen wir, damit das jugendliche Alter nicht unter den zu großen Mühen des Studiums zusammenbricht, dass vom Aufgang des Hundssterns [28.7.] bis zum 11. August den Knaben von ihrem Lehrer so viel Erleichterung gewährt werde, dass sie an den genannten Tagen nur zwei Stunden Unterricht besuchen, eine am Vormittag und eine am Nachmittag, um angenehme Texte aus der feineren Literatur zu hören. Ebenso sollen sie zur Zeit der Weinlese 14 Tage vom Studium gänzlich befreit sein. Und weil die Beschäftigung mit der Musik den Geist der Jugend meistens zur Fröhlichkeit ruft, gestatten wir, dass dieselbe jede Woche am Nachmittag des letzten Schultages eine oder zwei Stunden den Jungen der ersten und zweiten Klasse unterrichtet und mit angenehmen Liedern geübt wird. Eine tägliche Übung dieser Kunst, wie kurz auch immer, halten wir aber für dem übrigen Studium gegenüber eher für ein Hindernis denn für eine Unterstützung. Für all das möge unser Schulleiter Johann Mylaeus mit der gewohnten Sorgfalt in der Schulleitung und beim treuen Unterrichten diesen Dienst und die erste Schulordnung als Grundlage nehmen.«

hatte, die im Klosterbereich errichtete Lateinschule wieder zu entfernen. Doch konnte Kaiser Maximilian II. am 8. November 1570 auf dem Speyerer Reichstag die Dominikaner dazu bewegen, im Langhaus simultanen Gebrauch zuzulassen.

Nur mit äußerster Mühe konnten 1570 und ein Jahrzehnt später Bischof, Domkapitel und Orden das Franziskanerkloster (das Gebäude des Stiftungskrankenhauses) vor dem Zugriff der Stadt schützen. Bischof und Domkapitel dachten vorübergehend daran, die fast leerstehenden Gebäude den Jesuiten anzubieten. Seit Ende 1579 waren sowohl der Stadtrat als auch der Bischof an einem Kauf des Klosters interessiert. Aufgrund des wirtschaftlichen und sittlichen Tiefstandes betrieb Bischof Marquard von Hattstein beim Reichskammergericht und in Rom die Aufhebung des Klosters und konnte tatsächlich am 9. Juli 1580 die päpstliche Inkorporation in seine Mensa erreichen, die Kaiser Rudolf am 12. September bestätigte; zugleich wurde auch das Kloster St. Klara dem Bischof unterstellt. Die Ordensleitung der Franziskaner beschloss, weder der Stadt noch dem Bischof das Kloster zukommen zu lassen, sondern es dem Orden zu erhalten.

Für die Klöster bedeuteten die Anwesenheit des Reichskammergerichts sowie die Reichs- und Deputationstage eine gewisse Rechtssicherheit. Die Furcht vor kaiserlichen Reaktionen ließ den Rat vor Enteignungen zurückschrecken. Mit Ergänzungen aus dem Provinzbereich gelang die Rettung der Klöster. Die Karmeliter taten sich aber schwer, denn ihre zehn rheinischen Konvente wiesen 1548 nur noch 18 Konventualen auf, die Provinz der Dominikaner in Oberdeutschland zur selben Zeit nur noch zehn. Die Augustinereremiten konnten ihre Position durch Provinzialkapitel in Speyer in den Jahren 1572, 1587 und 1607 sichern.

Neben den Stiften Allerheiligen, St. German und St. Guido gab es vor dem Dreißigjährigen Krieg noch drei Frauenkonvente: das heute noch bestehende Dominikanerinnenkloster St. Magdalena, das Kloster der Augustinerinnen bei St. Martin in Altspeyer und das nicht weit davon entfernte St. Klarakloster. Nachdem es in der zweiten Hälfte des 16. Jahrhunderts um die Disziplin der Schwestern schlecht bestellt war, erlebte das Klarakloster am Vorabend des Dreißigjährigen Krieges eine wirtschaftliche Blüte. Der Konvent war im Wachsen begriffen, die Klosteranlagen wurden beträchtlich erweitert. Doch wurde diese Aufwärtsbewegung durch den Krieg jäh unterbrochen. In der zweiten Hälfte des 17. Jahrhunderts erholte sich das Kloster allmählich. Am 1. Dezember 1685 inkorporierte der Bischof Johann Hugo von Orsbeck das Augustinerinnenkloster und die Pfarrkirche St. Martin mit allen Liegenschaften und Gefällen dem Kloster St. Klara.

Speyer zählte um 1560 rund 8000 Einwohner, darunter gerade noch 30 bis 40 katholische Laien mit Bürgerrecht. Das katholische Leben in der Stadt war mehr oder weniger auf den Gottesdienst im Dom und in den Stiften Allerheiligen, St. German und St. Guido reduziert. Der Klerus war auf einem moralisch-seelsorglichen Tiefstand angekommen, das größte Übel jener Jahrzehnte war das Konkubinat. Schritte des Speyerer

Magistrats gegen den katholischen Glauben wurden nur dadurch verhindert, dass die Stadt kaiserliche Reaktionen fürchtete, die die Funktion der Stadt als Tagungsort des Reichstags und Sitz des Reichskammergerichts gefährdet hätten.

Erneuerung des katholischen Glaubens

Es gab jedoch bereits Mitte des 16. Jahrhunderts Anzeichen, die darauf hindeuteten, dass die katholische Kirche im Bistum zur Erneuerung fähig wäre; großen Anteil daran hatten die Jesuiten. Bei seiner Reise durch Deutschland besuchte der Jesuit Petrus Faber auch Speyer; er predigte und bestärkte den Bischof und das Domkapitel in den Reformbemühungen. Im Februar 1542 schrieb er von Mainz aus an Ignatius von Loyola über seinen Aufenthalt in Speyer: »Gott weiß, was ich in Speyer ausgestanden habe, wo ich gegen die Verzweiflung am Wohle Deutschlands zu kämpfen hatte. Schließlich bin ich zum Schlusse doch zu recht froher Zuversicht gekommen; ja ich sehe sogar ganz gewiß, daß der Herr uns dort noch viele Seelen bereithält, die bereit wären, sich durch die Exerzitien schulen zu lassen […].«

Faber gelang es durch seine Frömmigkeit und Liebenswürdigkeit, viele der Speyerer wieder für den katholischen Glauben zu gewinnen. Die Priester konnten nach der österlichen Zeit 1542 melden, dass in jenem Jahr mehr Gläubige die kirchlichen Pflichten erfüllt hätten als in den 20 vorhergegangenen Jahren zusammen.

Dem Domkapitel war sehr an der Gründung eines Jesuitenkollegs gelegen. Es verhandelte mit Faber darüber und erarbeitete einen Plan, wie man die Gründung eines Kollegs finanzieren könne. Bischof Marquard von Hattstein verhielt sich gegenüber der Initiative des Domkapitels ablehnend. Er verwies auf die entstehenden Kosten und die sich anbahnende Konfrontation mit dem protestantischen Rat der Stadt. Das Domkapitel konnte seine Vorstellungen letztlich durchsetzen. Am 17. Januar 1567 wurde der Entwurf für eine Stiftungsurkunde vorgelegt und genehmigt. Die Jesuiten übernahmen die

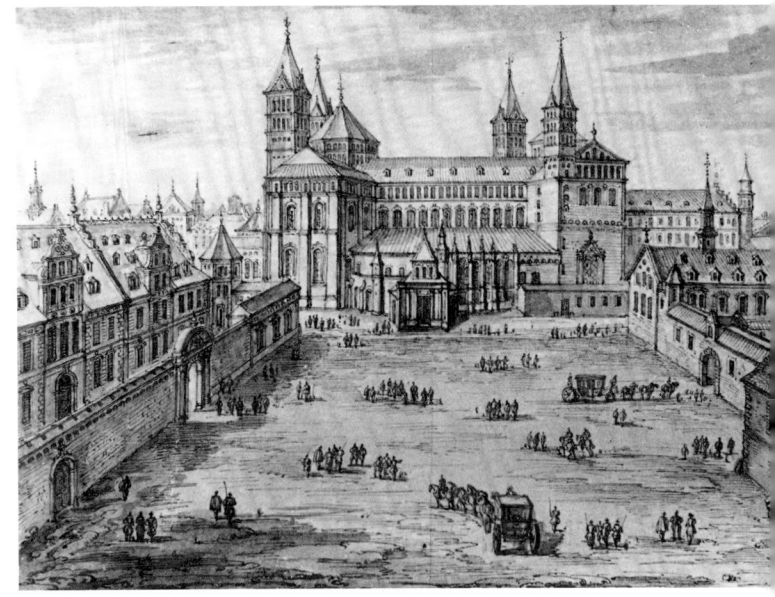

Der Dom mit der bischöflichen Renaissancepfalz (links) und dem Jesuiten-kolleg sowie dem Freithof (rechts) in einer Ansicht um 1650, die Israel Silvestre zugeschrieben wird.

Dompredigerstelle, bauten eine fünfklassige Schule auf und boten zwei- bis dreimal wöchentlich eine theologische Vorlesung an. Von Seiten der Stadt kam es jedoch schon bald zu Angriffen auf die Jesuiten. Bis 1577 war die Atmosphäre so aufgeheizt, dass ein Bürger aufgrund eines Brandanschlags auf das Kolleg hingerichtet wurde.

Zielgruppe für die seelsorgliche Tätigkeit der Jesuiten in Speyer war insbesondere das Personal des Reichskammergerichtes (1527–1693 in Speyer, dann bis 1806 in Wetzlar). Es umfasste ca. 660 Personen, die mehrheitlich katholisch waren und die zur Keimzelle eines sich in Speyer neu belebenden Katholizismus wurden. Dieser Personenkreis gab durch seine Anwesenheit den Jesuiten das Gefühl von Sicherheit. Der Orden entfaltete seine Tätigkeit auch über die Stadt hinaus: Im Umland wirkten die Patres ebenfalls bei der Seelsorge mit. Im Jahr

1604 zogen einige von ihnen durch Teile der Diözesen Speyer, Worms und Mainz, predigten und hielten Gottesdienste. Auch an anderen Orten des Fürstbistums gründeten die Jesuiten Niederlassungen, u. a. in Germersheim (1628).

Die Bedeutung des Speyerer Jesuitenkollegs zeigte sich auch darin, dass ab 1604 das Tertiat – ein besonderes Probejahr nach dem Noviziat – der rheinischen Provinz nach Speyer verlegt wurde. Die beiden berühmtesten Tertiarier in Speyer waren der später als Kritiker der Hexenprozesse bekannt gewordene Jesuit Friedrich Spee von Langenfeld (1591–1635) und der Völkerkundler und Geograph Athanasius Kircher (1602–1680), der Entdecker des Bazillus-Erregers der Pest. Spee war vor seiner Tertiatszeit 1626/27 bereits 1615 bis 1617 als Lehrer der Grammatik am Jesuitengymnasium in Speyer. Wie hoch der dortige Bildungsstandard war, macht folgende Begebenheit deutlich: 1608 besuchte der Engländer Thomas Coryate, ein überzeugter Protestant, im Rahmen seiner Venedig- und Rheinfahrt die Jesuitenschule; er zeigte sich verwundert darüber, als er mit einem Pater ins Gespräch kam, dass dieser über die Geschichte des mittelalterlichen Englands genau unterrichtet war.

Mit der Auflösung des Jesuitenordens (1773) kam auch das Ende des Kollegs und des Jesuitengymnasiums. Die Schule wurde nach 1773 abwechselnd von Weltgeistlichen, Franziskanern und Augustinern weitergeführt, bis in Folge der Revolutionskriege Ende des 18. Jahrhunderts die endgültige Schließung erfolgte. Die Jesuitenkirche wurde profaniert und 1793/94 durch die Franzosen verwüstet. Das Gebäude des Kollegs nutzte man als Kaserne, ab 1897 war darin das Marienheim untergebracht. 1910 riss man es ab und errichtete dort die neuen Dienstwohnungen des Domkapitels (Edith-Stein-Platz).

Bis sich die von den Bischöfen geförderten Maßnahmen des Konzils von Trient (1545) im Alltag der Pfarreien auswirkten, dauerte es noch lange Zeit. Sehr bedeutend war in diesem Zusammenhang die Einführung des Speyerer Gesangbuchs von 1599.

Drei Konfessionen in der Stadt

In den eineinhalb Jahrhunderten vom Beginn des 16. Jahrhunderts bis zum Ende des Dreißigjährigen Kriegs 1648 veränderte sich die konfessionelle Situation im Deutschen Reich grundlegend. War sie bis dahin im Wesentlichen römisch-katholisch bestimmt, so gab es 1648, im Jahr des Westfälischen Friedens, drei Konfessionen, die reichsrechtlich gleichberechtigt waren: den Katholizismus, das Luthertum und den Calvinismus. Das hatte nicht allein religiös-kirchliche Folgen, sondern auch umfangreiche (macht-)politische Konsequenzen. Das Reich war jetzt ein für alle Mal konfessionell gespalten. Viele Landesfürsten, Städte und kleinere Herrschaften hatten die Reformation angenommen und in ihren Territorien eingeführt.

In Speyer waren seit der Einführung der Reformation Rat und Bürgerschaft lutherisch. Daneben lebten hier die zu den Haushalten und Dienststellen des Domkapitels gehörenden Katholiken sowie die katholischen Angehörigen des Reichskammergerichts. Vom reformierten pfälzischen Kurfürsten unterstützt, wirkte in der Ägidienkirche in den 1570er-Jahren der reformierte Prediger Georg Infantius. Zu den bereits traditionellen Streitpunkten zwischen protestantischem Rat und katholischer Geistlichkeit, wie Schankrechte (ein häufig praktizierter Brauch, den Wein aus den eigenen Ländereien zu »versilbern«), Steuererhebung und die Aufnahme von Geistlichen in den Schutz der Stadt, traten nun noch konfessionelle Vorbehalte. So war der Rat insbesondere bemüht, das Wirken der Jesuiten in der Stadt einzuschränken.

Daneben herrschte aber auch ein friedliches Miteinander. Das zeigte sich beispielsweise darin, dass sich im 17. Jahrhundert Rats- und Jesuitenschule gegenseitig mit Kulissen für das Schultheater aushalfen. Der lutherische Rat baute dem Kloster St. Magdalena eine zusammengebrochene Mauer wieder auf, die allerdings zugleich Stadtmauer war. Die evangelische Bürgerschaft benutzte zunächst katholische Kirchen für den Gottesdienst, bis eigene Gottesdiensträume vorhanden waren.

In jenes gemischt-konfessionelle Milieu hineingeboren wurde in der Zeit des Dreißigjährigen Kriegs Johann Joachim

Becher (s. Kasten S. 67). Er wurde zu dem bedeutendsten Mer-
kantilisten des 17. Jahrhunderts.

Das Reichskammergericht

Auf dem Wormser Reichstag von 1495 wurde der Beschluss
gefasst, ein vom Kaiserhof unabhängiges höchstes Gericht für
das Reich zu errichten. Nachdem der Sitz dieses Gerichts über
rund drei Jahrzehnte immer wieder wechselte, wurde auf dem
Speyerer Reichstag von 1526 bestimmt, dass es dauerhaft nach
Speyer verlegt werden sollte. Dies bedeutete für die Stadt eine
besondere Aufwertung. 1527 nahmen die Richter im Ratshof
zu Speyer ihre Arbeit auf.

An der Spitze des Gerichts stand der vom Kaiser ernannte
Kammerrichter. Zu den bedeutendsten Inhabern dieses Amtes
gehörten Wilhelm Werner Graf von Zimmern sowie der
Speyerer Bischof Marquart von Hattstein. Des Weiteren gab es
16 ständige Assessoren oder Beisitzer, die von den sechs alten
Reichskreisen sowie von Österreich und Burgund ernannt
wurden. Von ihnen musste wenigstens die Hälfte des römischen Rechts kundig sein. Sie fällten die Urteile des Gerichts.
Die Protonotare oder Gerichtsschreiber waren in der Kanzlei
des Gerichts tätig, die dem Reichserzkanzler (d. h. dem Kurfürsten und Erzbischof von Mainz) unterstand. Die Advokaten
und Prokuratoren standen den Gerichtsparteien bei.

Das Reichskammergericht war zuständig für Landfriedensbruch, Reichsacht, fiskalische Klagen, Appellationsverfahren für
verschiedene Territorien des Reiches und Besitzstreitigkeiten von
Reichsunmittelbaren. Als großes Problem des Reichskammergerichts erwies sich bald seine Überlastung durch die Zahl der
vorgebrachten Rechtsfälle. So musste beispielsweise der Reichstag 1570, der letzte in Speyer, über eine Reform des Reichskammergerichts verhandeln, da am 1. Mai des Jahres 1570 – wie
schon im Jahre 1550 – mehr als 5000 Verfahren anhängig waren
und die Gerichtsparteien lange Wartezeiten hinnehmen mussten.

Bis zur endgültigen streng gleichberechtigten konfessionellen Besetzung des Reichskammergerichts 1640 spielten auch

JOHANN JOACHIM BECHER

Becher wurde am 6. Mai 1635 als Sohn des lutherischen Pfarrers von St. Georg in Speyer geboren. Seine Mutter Anna Margaretha, Tochter des Pfarrers Johann Peter Gauß, entstammte einer Speyerer Ratsbürgerfamilie. Johann Joachim Becher besaß ausgezeichnete Kenntnisse in der Medizin, der Chemie und der Physik, aber auch der Politik und Staatsverwaltung. Als Wirtschaftstheoretiker setzte er sich für die Lenkung der Wirtschaft mit merkantilistischen Mitteln ein. Becher konvertierte zum katholischen Glauben und wurde 1657 Professor in Mainz, dann Leibarzt und Berater des dortigen Erzbischofs und Kurfürsten. Anschließend war er als Berater des Hanauer Grafen Friedrich Casimir tätig. In dessen Auftrag betrieb er das mit hohen Kosten verbundene Projekt, eine Kolonie Hanauisch-Indien in Südamerika zu gründen. Dies führte zum wirtschaftlichen Ruin der Grafschaft Hanau und letztlich zu Bechers Entlassung.

In München konnte er noch im selben Jahr ein großes Laboratorium mit finanzieller Unterstützung des bayerischen Kurfürsten eröffnen. 1666 wurde er als kaiserlicher Hofrat und Mitglied des Kommerzkollegiums nach Wien berufen. Dort entwarf er Pläne für Manufakturen und betrieb die Errichtung einer österreichisch-indischen Handelsgesellschaft. Ab 1676 lebte er insbesondere in München, Würzburg und London, wo er im Oktober 1682 starb. Leibniz bezeichnete ihn als »esprit excellent, vir ingeniosus, aber schlimmen Charakters«.

konfessionelle Streitigkeiten immer wieder eine die Prozesse störende Rolle. In der Reformationszeit selbst neigte es eher der katholischen Seite zu. Oftmals klagten aber auch Parteien mehrerer Konfessionen über die Parteilichkeit des Gerichts.

Die Ansiedlung des Reichskammergerichtes in Speyer wirkte sich auf mehreren Ebenen positiv für die Stadt aus. Erstens entstand ein Rechtsklima, das Speyer von vielen anderen Gegenden des Reiches unterschied, so dass es in der Stadt beispielsweise nur zu einer einzigen Hexenverbrennung kam, nämlich der von Barbara Köler 1581. Vieles spricht dafür, dass Friedrich Spee von den hier herrschenden Rechtsauffassungen zu seinem Kampf gegen das Unrecht der Hexenverfolgungen angeregt wurde. Zweitens führte das wichtigste Gericht des Reichs zahlreiche bedeutende Juristen, Prozessparteien und -vertreter in die Stadt, die nicht nur viel Geld hier ausgaben, sondern auch wertvolle Zeugnisse über das Leben in Speyer im 16. Jahrhundert hinterließen, darunter Wilhelm Werner Graf von Zimmern und dessen Neffe Christoph Froben sowie der spätere Stralsunder Bürgermeister Bartholomäus Sastrow.

Nachdem Speyer am 28. September 1688 im Pfälzischen Erbfolgekrieg von französischen Truppen besetzt wurde, verließ das Reichskammergericht die Stadt. Mit der Zerstörung Speyers 1689 war eine Rückkehr ausgeschlossen. Wetzlar wurde als neuer Sitz ausgewählt; dort wurde 1693 der seit fünf Jahren unterbrochene Prozessbetrieb wieder aufgenommen. Das Reichskammergericht wurde 1806 aufgelöst.

Das Stadtbild des späten Mittelalters und der Frühen Neuzeit

Einen Eindruck von der Stadt am Übergang vom Mittelalter zur Frühen Neuzeit vermitteln die überlieferten Stadtansichten, wobei der Holzschnitt aus Sebastian Münsters deutschsprachiger »Kosmographey« von 1550 hervorzuheben ist. Münster, in Ingelheim am Rhein 1488 geboren und 1552 in Basel gestorben, war Franziskanermönch, bevor er sich der Reformation anschloss und schließlich in Basel als Hebraist lehrte. Seine »Kosmographey«, ursprünglich 1544 in lateinischer Sprache – der damaligen Gelehrtensprache – erschienen, ist ein Kompendium der historisch-länderkundlichen und geographischen Kenntnisse seiner Zeit. Die hier enthaltene Ansicht von Speyer hat der Formschneider Heinrich Holtzmüller geschnitten, der in Bern und Basel um 1550 tätig war, doch stammt die Vorlagezeichnung sicherlich nicht von ihm. Auf dem Titelblatt vor der Stadtansicht gibt Münster an, dass er das Bild von einem Speyerer Ratsherrn durch die Vermittlung des Rechtsgelehrten Lupold Dick erhalten habe. Die Zeichnung war wohl von einem Speyerer Künstler angefertigt worden. Münsters Stadtansicht gibt das gesamte Stadt-

Speyer von Südosten aus gesehen, Kupferstich, wohl von Matthäus Merian d. Ä. selbst um 1619/20 gestochen, aus der »Topographia Palatinatus Rheni« von 1645. Merians Stadtansicht gilt bis in die Details als die zuverlässigste und genaueste Ansicht des alten Speyer. Oben rechts ist, wie oft bei den Stadtansichten Merians, das Stadtwappen, das eine typisierte Darstellung des Doms zeigt, zu sehen.

panorama von Süden, Südosten und Osten wieder. Der Dom als Mittelpunkt des Holzschnitts ist von seiner Süd- und Südostseite dargestellt.

Auf der Grundlage der verschiedenen auf Münsters Holzschnitt zurückgehenden Stadtansichten hat Matthäus Merian der Ältere seinen Stich (s. oben) geschaffen. Der unermüdliche Merian, 1593 in Basel geboren und 1650 in Schwalbach bei Frankfurt am Main gestorben, gilt als einer der bedeutendsten Kupferstecher und Verleger seiner Zeit. Die in der »Topographia Germaniae« enthaltenen Ansichten und Pläne bestimmten für lange Zeit das Bild der jeweils abgebildeten Lokalitäten. In der »Neuwen Archontologia cosmica«, »einer Beschreibung der Herrschaften der (ganzen) Welt«, für die er Kupfertafeln, Landkarten und topografische Ansichten beisteuerte, erschien 1637 (als Erscheinungsjahr ist 1638 angegeben!) auch eine Ansicht der Stadt Speyer. Von ihr wird vermutet, dass Merian dafür nicht nur den Kupferstich gestochen, sondern auch die Vorlagenzeichnung während seiner Zeit in Oppenheim 1618 bis 1620 – also schon fast zwei Jahrzehnte vorher – angefertigt hat. Die wehrhafte Stadt mit den massiven Mauerringen und den hohen Mauertürmen beeindruckte die Zeitgenossen, wie

DIE STÄDTISCHE BAUWEISE VOR 1689

Wie die Bürgerhäuser des hohen und späten Mittelalters aus-
sahen, ist nicht bekannt. Bis auf wenige Ausnahmen waren es
wohl Fachwerkhäuser. Steinhäuser waren damals noch selten;
sie waren zumeist in kirchlichem Besitz oder gehörten reichen Familien, von denen eines, das Retschergebäude (Große Himmelsgasse 3a) – benannt nach der Speyerer Patrizierfamilie der Ret-
schelin –, noch als Ruine erhalten ist.

Schon in der Reisebeschreibung des Humanisten Kaspar Bru-
schius (1518–1557) wurde die auffallende Höhe der Bürgerhäuser
vermerkt. Vermutlich waren im 16. Jahrhundert die Häuser im
Speyerer Stadtzentrum durchschnittlich drei bis vier Geschosse
hoch, teilweise noch höher. Eine Stadtansicht (s. rechts) zeigt
Speyer aus der Vogelschauperspektive: Obwohl um 1690 entstanden, vermittelt sie den baulichen Zustand des 16. Jahrhunderts,
da in Speyer im 17. Jahrhundert kaum neu gebaut wurde. Dargestellt ist die ummauerte Stadt mit dem sich vom Dom aus fächer-
förmig entfaltenden Straßensystem. Die von Osten nach Westen
verlaufende breite Hauptstraße wird von aneinandergebauten
hohen, schmalen Giebelhäusern gesäumt. In der nördlichen
Hälfte der Stadt waren die Wormser Straße und die Große Him-
melsgasse/Johannesstraße die wichtigsten Straßenzüge, in der
südlichen Hälfte die Herdstraße sowie die Große und Kleine Pfaffengasse. Die Häuser der Geistlichkeit lagen fast ausschließlich
im südlichen Stadtbereich, die der Reichsbeamten insbesondere
im nördlichen Teil und die der Handelsleute sowie des städtischen Patriziats hauptsächlich in der heutigen Maximilianstraße.
In den städtischen Randgebieten, wo die ärmere Stadtbevölkerung lebte, war die Bauweise aufgelockert. Auch gab es dort zahlreiche unbebaute Flächen mit Gärten und Grünland.

Die mittelalterlichen Stadtmauern wurden auch von den umliegenden Dörfern finanziert und unterhalten; deren Einwohner
konnten im Notfall innerhalb der Stadtmauern Schutz finden. Die
Speyerer Gemarkung wurde nach einem Ratsbeschluss von 1410
durch eine Landwehr mit Wall, Graben und Türmen befestigt. Die
mit 68 Türmen bewehrten Stadtmauern – 21 in der Kernstadt, die
übrigen in den Vorstädten – wurden großenteils 1689 durch die
Franzosen geschleift und zu Beginn des 18. Jahrhunderts nur

notdürftig ausgebessert. Eine gänzliche Wiederherstellung wäre sinnlos gewesen: Die Kriegstechnik war längst weiterentwickelt worden, so dass die Stadtmauern ohnedies keinen Schutz mehr geboten hätten.

etwa 1608 den bereits erwähnten Thomas Coryate, der berichtet, dass die Türme des Stadtmauerrings so hoch seien wie in England die Kirchtürme.

Von der Stadt des späten Mittelalters und der Frühen Neuzeit hat sich nur wenig erhalten. Im Dreißigjährigen Krieg (1618–1648) wurden die drei vor der Stadt liegenden Vorstädte – die Gilgenvorstadt, die Fischervorstadt und Altspeyer – zerstört; nur die Hasenpfuhlvorstadt blieb von den Kriegswirren nahezu unberührt. Der Charakter der Innenstadt ist dagegen weitgehend erhalten geblieben. Zwei Jesuitenpatres beschrieben 1660 Speyer als eine ansehnliche Stadt mit breiten Straßen und vielen Häusern vornehmer Leute, jedoch von einer sehr alten Bauweise, womit wohl der Fachwerkbau gemeint war.

Stadtansicht aus der Vogelschau von einem unbekannten Künstler, um 1690.

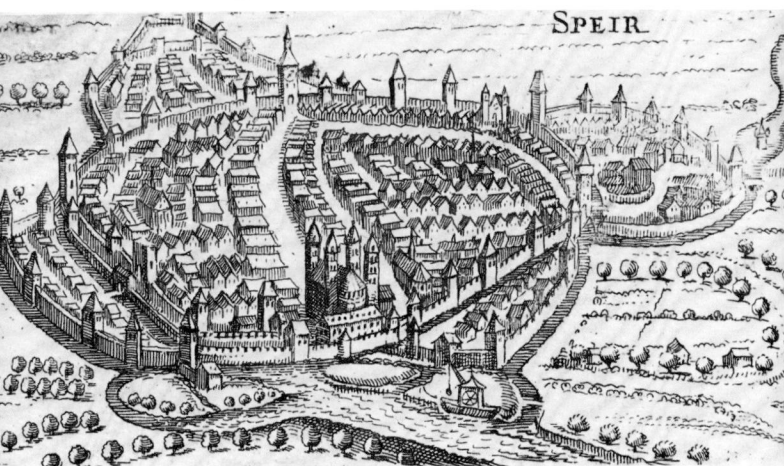

Im Zeitalter der großen Kriege und Zerstörungen

Schwer geprüft im Dreißigjährigen Krieg

Während des Dreißigjährigen Kriegs wurde Speyer immer wieder als Ausgangsbasis oder als Etappenstation von Belagerungen der nordbadischen Festung Philippsburg in Mitleidenschaft gezogen. Das lutherische Speyer selbst war zunächst Mitglied der Protestantischen Union, dem Militärbündnis der evangelischen Reichsstände während der kriegerischen Auseinandersetzungen im Reich, ein Umstand, der insbesondere zu einem sehr gespannten Verhältnis zu dem eigenwilligen Speyerer Bischof Philipp von Sötern, zugleich Erzbischof von Trier, führte. Denn Speyer nahm daher an der Schleifung der Festung Udenheim teil, die der Katholischen Liga – dem militärischen Gegenbündnis der katholischen Seite – als strategischer Gegenpol zur kurpfälzischen Festung Mannheim-Friedrichsburg gedient hatte. Es gelang allerdings Philipp von Sötern, den Neubau der Festung zu finanzieren und ihr 1623 seinen Namen zu verleihen: Philippsburg.

Mit dem nunmehr modernen Festungsbau konnte Speyer im 17. Jahrhundert nicht mehr mithalten, und es zeigte sich, dass die Verteidigungsfähigkeit nicht mehr ausreichte. Die Stadt stand allen jeweils durchziehenden Kriegsparteien offen und wurde von ihnen als Stützpunkt genutzt. Daran änderte auch die Tatsache nichts, dass hier das Reichskammergericht seinen Sitz hatte, zumal dieses seit Beginn des 17. Jahrhunderts gegenüber dem Reichshofgericht (Reichshofrat) in Wien an Bedeutung eingebüßt hatte.

Zusätzlich zu den unmittelbaren Folgen des Krieges war die Stadt auch mit Zahlungsverpflichtungen an Kaiser und Reich belastet. Nach der massiven Bedrohung durch die Kurpfalz folgte eine lange Besatzungsphase durch kaiserliche Truppen (1635–1644), dann bis nach 1648 durch Frankreich. Aber nicht nur die Kriegsfolgen setzten den Menschen in Speyer zu. Hinzu kamen 1632 die Pest und 1636 eine Hungersnot. Dies führte zu heimlichen Abwanderungen, die der Rat durch Verordnungen zu verhindern suchte.

Als 1650 alle Besatzungstruppen aus der Stadt abgezogen waren, war diese so hoch verschuldet, dass sogar die wohltätigen Stiftungen zur Schuldentilgung herangezogen wurden, die bereits während des Krieges finanziell stark in Anspruch genommen worden waren. Es waren dies das St.-Georgen-Hospital, das Elendherberg-, das Gutleut-, das Heilig-Geist- und das Lazarett-Almosen, ursprünglich Zeugnisse eines reichen Stiftungswesens der Speyerer Bürger.

Die Katastrophe des Pfälzischen Erbfolgekriegs

Die Stadt hatte sich noch nicht vom Dreißigjährigen Krieg und seinen Folgen erholt, als sie in der Pfingstwoche des Jahres 1689 im Pfälzischen oder Orléansschen Krieg (1688–1697) das Ziel von französischen Truppen wurde. Unter den zahlreichen Kriegen des 17. und frühen 18. Jahrhunderts nimmt dieser aufgrund der grausamen Praxis der »verbrannten Erde« (s. Kasten S. 74), die von den französischen Kriegsherren verfolgt wurde, einen besonderen Platz ein. Im Jahr 1689 fielen den Kämpfen zahlreiche Städte, Burgen und Dörfer am Nieder-, Mittel- und Oberrhein zum Opfer, so – neben Speyer – Heidelberg, Mannheim, Worms, Oppenheim, Bingen, Kreuznach, Alzey, Frankenthal, Rastatt, Pforzheim und Offenburg.

Nachdem der französische General Montclar am 30. Januar 1689 die Befestigungsanlagen der Stadt besichtigt hatte, begannen zwei Tage später die Abbrucharbeiten, an denen sich auch die Einwohner beteiligen mussten. Während sie bereits ahnten, dass die Franzosen die Stadt einäschern wollten, teilte am Nachmittag des 23. Mai der französische Kriegsintendant de la Fond den beiden Bürgermeistern und den Ratsherren mit, dass die Stadt innerhalb von sechs Tagen evakuiert werden müsse: Es solle jedoch niemand daraus schließen, dass die Stadt »verbrennet« werde. Bereits vier Tage später jedoch ließ Montclar

POLITIK DER »VERBRANNTEN ERDE«

Als 1685 die Simmernsche Linie der pfälzischen Wittelsbacher ausstarb, erhob der französische König Ludwig XIV., der »Sonnenkönig«, im Namen seiner Schwägerin Elisabeth Charlotte von Orléans – besser bekannt unter dem Namen »Liselotte von der Pfalz« – Ansprüche auf Teile des pfälzischen Erbes. Dass dies freilich zu Unrecht geschah, geht aus dem Wortlaut des Heiratsvertrags Liselottes mit dem Bruder des Königs hervor: Bei ihrer Verheiratung hatte sie ausdrücklich auf alle Nachfolgerechte für alle Herrschafts- und Lehensgebiete, väterliche wie mütterliche, verzichtet. Dennoch provozierte Ludwig XIV., der eine expansive Machtpolitik betrieb und die französischen Grenzen bis zum Rhein verschieben wollte, 1688 den Krieg mit Kaiser und Reich. Der Gegner war stark: Die Niederlande, England, Spanien und Savoyen traten der Koalition gegen Frankreich bei. In der Folge rückten französische Truppen an den Rhein vor, und seit Ende September 1688 lagen 14 französische Kompanien in Speyer im Winterquartier.

dem Domdekan und bischöflichen Statthalter Heinrich Hartard von Rollingen – er war später von 1711 bis 1719 Bischof von Speyer – mitteilen, er habe den Befehl erhalten, »die Stadt samt allen darin befindlichen Kirchen und Klöstern, einzig die hohe Domkirche ausgenommen, in Brand zu stecken«.

Von Heinrich Hartard von Rollingen stammt eine der wertvollsten Quellen für die Geschichte der Zerstörung Speyers im Jahr 1689. In seinem Bericht an den Speyerer Bischof Johann Hugo von Orsbeck (1677–1711), der zugleich Erzbischof von Trier war, hielt er fest, dass die hohen französischen Offiziere selbst sehr betroffen waren von dem ihnen erteilten Befehl. De la Fond erklärte sich sogar bereit, sich beim Versailler Hof für Speyer zu verwenden, meinte allerdings, dass wenig Hoffnung auf eine Änderung des Befehls bestünde. Er wolle aber veranlassen, dass den Einwohnern einige hundert Wagen für den Abtransport ihrer Habe zur Verfügung gestellt würden. Was letztlich zurückbliebe, könnte im Dom untergebracht werden. Die Bitte Rollingens, mit einigen anderen Geistlichen

Heinrich Hartard Freiherr von Rollingen (1633–1719), Ölgemälde des 18. Jahrhunderts.

in der Stadt bleiben zu dürfen, um den Gottesdienst im Dom zu halten, wurde abgelehnt.

Den zahlreichen Versuchen seitens des Rates der Stadt sowie von kirchlicher oder privater Seite, die drohende Gefahr abzuwenden oder das Schreckliche zu mildern, war kein Erfolg beschieden. Am 25. Mai hielt das Domkapitel seine letzte Sitzung ab und beschloss, da die Niederbrennung der Stadt sicher zu sein schien, den Domschatz und das Archiv des Domkapitels nach Mainz zu bringen. Gleichzeitig sollte der in Mainz weilende Oberkommandierende der Franzosen, Marschall Graf Jacques-Henri de Duras, um die Zusicherung gebeten werden, dass der Dom verschont bleibe. Die Aktivitäten des Domkapitels waren für die Bürger Speyers das Signal, nun ihrerseits ihr Hab und Gut zu bergen und die Stadt zu räumen. Ein Augenzeuge berichtet: »Mit unnennbarer Wehmut verließen sie ihre Wohnungen, und ihr Gang aus der Stadt glich dem Gang der zum Tode Verurteilten.«

Es ist nicht möglich, alle Einzelheiten über die Vorgänge bei der Flucht aus der Stadt wiederzugeben, die die zeitgenössischen Quellen überliefert haben. So trug etwa eine Frau statt ihrer Habe die alte, kranke Großmutter auf dem Rücken aus der Stadt. Kranke und Schwache, die Angst hatten, im allgemeinen Tumult vergessen zu werden, schrien um Hilfe und baten, in den nahen Wald getragen zu werden, damit sie nicht in den Flammen umkämen. Der Vorsteher der Franziskaner lehnte es ab, das Kloster seines Ordens zu verlassen, und nahm damit in Kauf, von den Franzosen gewaltsam aus dem Kloster getrieben zu werden. Der Dekan des Allerheiligen-Stifts, der wegen schwerer Krankheit nicht transportfähig war, ließ sich im Keller des Stiftsgebäudes verstecken; er ist vermutlich während des Stadtbrands umgekommen. Viele tragische Szenen ereigneten sich bei den Versuchen von Bürgern, trotz des Verbots der Franzosen den Rhein zu überqueren und sich auf das andere Ufer zu retten; viele mussten dieses Wagnis mit ihrem Leben bezahlen. Die Schwestern vom Kloster St. Magdalena, die ebenfalls über den Rhein flüchten wollten, wurden gestellt und ausgeplündert.

Nur wenige Speyerer gingen in die Gebiete, die ihnen von den Franzosen als Zufluchtsorte bezeichnet worden waren. Soweit es ihnen nicht gelang, auf die andere Rheinseite zu kommen, flüchteten sie in die Wälder der benachbarten Orte, um dort das Herannahen deutscher Truppen zu erwarten, mit denen – nach der Darstellung der Franzosen – bald zu rechnen war. Viele hofften, dass es nicht zum Äußersten kommen würde.

Doch diese Hoffnungen waren vergebens. In Speyer waren die Vorbereitungen für die Inbrandsetzung der Stadt beendet. Der 31. Mai, der Pfingstdienstag des Jahres 1689, wurde zum Schicksalstag für die Stadt. Am frühen Morgen verließ die Besatzung die Stadt und bezog ein Feldlager auf dem Germansberg südlich davon. Am Nachmittag begann ein Brandkommando mit seinem grausigen Vernichtungswerk. Offenbar wurde die Stadt gleichzeitig an zwei Stellen, an der Stuhlbrudergasse und beim Weidenberg, in Brand gesetzt. Das Feuer breitete sich zuerst langsam aus, ohne zunächst den Dom zu erfassen. Ein Augenzeuge berichtet: »Die beider Rauch haben sich zusammen und daruf teils gegen das Gebirg, teils gegen den Rhein gezogen, dergestalten, daß der damalen ganz heitere Himmel auf einmal darvon bedeckt und ganz überzogen worden.«

Eigentliche Beschreibung der Stadt Speyer/
Wie tyrannisch und achristlich die Barbarischen Franzosen mit derselben Stadt und Innwohnern verfahren sind. 1689.

Flugblatt über die Zerstörung der Stadt Speyer 1689. – Im Stil der Zeit wurde die Katastrophe der Stadt publizistisch verarbeitet: Vor dem Hintergrund der brennenden Stadt flüchten Speyerer Einwohner in Booten über den Rhein, um sich so auf das sichere andere Ufer zu retten; feindliche Soldaten feuern auf die Flüchtenden.

Dann aber drohte auch der Dom von den Flammen erfasst zu werden. Mit großem Einsatz suchte Rollingen zu retten, was zu retten war. Er ließ die künstlerisch wertvollsten Grabdenkmale von den Wänden entfernen und in der Domdechanei aufbewahren. In den fürstbischöflichen Ämtern Kirrweiler und Deidesheim forderte er Verstärkung zum Schutz des Domes an, doch die 100 Bauern, die mutig und selbstlos genug waren, in die brennende Stadt zu kommen, trafen erst ein, als der Bau bereits in Flammen stand, denn in der Nacht auf den 2. Juni geschah doch, was eigentlich vermieden werden sollte: Der Brand griff auf den Dom über. Kurz vor Mitternacht fing der Glockenturm Feuer; dreimal gelang es, zu löschen. Einige betrunkene Soldaten wurden bei dem Versuch, den Kreuzgang zu zerstören und in der Kapitelsstube Feuer zu legen, ertappt und vertrieben. Dennoch war es unmöglich, im allgemeinen Auf-

77

ruhr alle Übergriffe auf den Dom zu verhindern. Als die Bauern das Kirchenschiff betraten, brannte es dort bereits ebenfalls. Zwar brachte ein französischer Offizier einen Brandstifter zur Wache, doch ließ man ihn wieder laufen. Das Feuer hatte bald auch die Ostkuppel erreicht. Alle Löschversuche waren wegen des schwierigen Zugangs zur Kuppel erfolglos. Mit äußerster Mühe gelang es, die Armen und Kranken, die im Dom eine sichere Zufluchtsstätte zu finden geglaubt hatten, zu retten.

Trotz des sich rasch ausbreitenden Feuers blieb das Gnadenbild im Dom erhalten, das in einem hölzernen Schrein aufbewahrt wurde. Rollingen gelang es, mit einem Helfer die Flügeltüren des Schreins zuzuklappen, so dass das Gnadenbild das Feuer überstand. Es wurde zuerst nach Kirrweiler, in die etwa 20 km entfernte Sommerresidenz der Fürstbischöfe, und später, da Speyer auf Befehl Ludwigs XIV. zunächst nicht wieder bewohnt werden durfte, nach Frankfurt in die dortige Karmeliterkirche gebracht.

Nach den verheerenden Ereignissen bot der Dom ein trauriges Bild: Die westlichen Joche und Gewölbe des Langhauses – des Mittelschiffes und der Seitenschiffe – waren eingestürzt, das Innere völlig ausgebrannt. Die Ostpartie blieb trotz schwerer Schäden stehen, der Westbau ragte als Ruine in die Höhe. Sakristei und Krypta waren zwar verschont geblieben, jedoch komplett ausgeplündert worden. Die westliche Reihe der Kaisergräber war aufgebrochen und durchwühlt worden, die östliche Reihe, die Gräber der Salier, die tiefer unter einer Kalkmörtelschicht lagen, war dagegen unversehrt geblieben.

Nachdem Frankreich im Frieden von Rijswijk (1697) eine erneute Besiedlung von Speyer zugebilligt hatte, ließen Bischof und Domkapitel die Ostpartie des Domes durch eine Mauer abriegeln und für den Gottesdienst wiederherrichten. Das Gnadenbild kehrte 1709 in den Dom zurück. In seinem Bericht an Johann Hugo von Orsbeck griff Rollingen auch die Frage auf, ob der Brand des Domes ein verhängnisvoller Zufall oder Absicht gewesen sei. Er gibt die unterschiedlichen Meinungen wieder und die Argumente, die für die eine wie für die andere Auflassung sprechen, ohne zu einem Ergebnis zu kommen.

GNADENBILDER IM SPEYERER DOM

Seit wann der Dom ein Gnadenbild besaß, das der Marienverehrung diente und Wallfahrer anzog, lässt sich nicht eindeutig bestimmen. Das Siegel des Domkapitels aus dem 12. Jahrhundert zeigt jedenfalls eine thronende Muttergottesfigur. Nicht mehr zu klären ist, ob es sich bei dem Speyerer Gnadenbild um eine Skulptur aus getriebenem Gold oder um eine hölzerne oder steinerne Figur handelte; für jede dieser Möglichkeiten gibt es Beispiele aus dem 12. Jahrhundert. Das Gnadenbild dürfte wohl zunächst auf dem Hauptaltar seinen Platz gefunden haben. In der Zeit der Gotik, also im 15. Jahrhundert, wurde diese Figur möglicherweise durch eine neue ersetzt und auf dem 1303 geweihten St. Annenaltar aufgestellt. Ob die alte Darstellung nicht mehr den religiösen Empfindungen der Menschen entsprach oder ob die 1324 gegründete Dombruderschaft ein eigenes Gnadenbild besitzen wollte, ist nicht eindeutig zu entscheiden. Bei dem neuen Gnadenbild handelte es sich um eine überlebensgroße Statue: Maria steht auf einer Mondsichel und hält das ihr zugewandte, unbekleidete Jesuskind auf dem linken Arm. 1521 heißt es, die Figur sei neu »gemacht« worden; ob es sich dabei um eine Restaurierung oder um eine gänzlich neue Figur handelte, ist ungewiss. Diese Statue überstand den Dombrand von 1689 unbeschadet. Ihr Standort war am dritten südöstlichen Kirchenschiffpfeiler am Ende des Königschors. Fürstbischof Limburg-Styrum (1770–1797) ließ außerdem eine Nachbildung des alten Gnadenbildes über der Vorhalle in einer Nische unter der Kuppel aufstellen; diese befindet sich heute im sog. Kaisersaal über der Vorhalle. Während der Französischen Revolution wurde das Gnadenbild 1794 zusammen mit anderen Statuen, Paramenten und Chorbüchern zerstört. Erst zum 900-jährigen Jubiläum der Grundsteinlegung des Domes im Jahr 1930 erhielt die Kathedrale ein neues Gnadenbild. Bischof Ludwig Sebastian (1917–1943) bat für diesen Anlass Pius XI., dem Dom ein neues Wallfahrtsbild zu stiften. Der Papst kam dieser Bitte nach und erteilte dem Münchener Professor August Weckbecker, der anhand überlieferter Kupferstiche eine Nachbildung des früheren Bildes der »Patrona Spirensis« schuf, einen entsprechenden Auftrag. In den Gesichtszügen Marias verwirklichte er seine eigenen künstlerischen Vorstellungen, das gotische Faltensystem der Kleidung ist dagegen beibehalten worden. Nach seiner Weihe in Rom wurde das neue Gnadenbild zunächst am 1. Juli 1930 in Waghäusel aufgestellt, ehe es am 6. Juli feierlich in den Speyerer Dom überführt wurde. Zur 950-Jahr-Feier 1980 erhielt die Statue eine neugotische Farbfassung.

Die »Patrona Spirensis« von 1930.

Die Stadt war – mit Ausnahme des Altpörtels, der Gilgenvorstadt mit dem Karmeliter- und dem Kapuzinerkloster sowie des in der Vorstadt Altspeyer liegenden St.-Klara-Klosters – nahezu komplett zerstört worden. Erst rund zehn Jahre später durften die Bürger in ihre Stadt zurückkehren. Von dem Bild, das sich den Heimkehrenden bot, berichtete eine Ordensfrau aus dem Dominikanerinnenkloster St. Magdalena: »Da wir das erste Mal wieder nach Speyer kamen, da ist nichts als ein lauterer Steinhaufen mannshoch mit Hecken, Disteln und Dörnern auf unserem Platz gewesen [...]. Zehn ganze Jahre ist keine von uns hergekommen: Da kann man denken, wie uns gewesen, weil da nichts zu sehen war als ein lauterer Greuel der Verwüstung.«

Es ist ein äußerst bedrückendes Bild, das von den Ereignissen in der Pfingstwoche 1689 gezeichnet wurde. Franzosen und Deutsche sind sich heute längst einig in der Verurteilung der Machtpolitik Ludwigs XIV., an der bereits zahlreiche Zeitgenossen des »Sonnenkönigs« herbe Kritik übten. Als der französische Dichter Victor Hugo 1838 in Speyer weilte, nannte er das, was seine Landsleute dort verübt hatten, einen ungeheuren Frevel.

Eine Barockstadt entsteht

Bei den auf den Französischen Erbfolgekrieg folgenden Friedensverhandlungen waren die Entschädigungsforderungen der Stadt von den Vertretern Frankreichs strikt abgelehnt worden. Lediglich das Domstift erhielt eine geringe Entschädigungszahlung. Etwa 800 Bürgerhäuser und mehr als 100 dem Domstift gehörende Gebäude waren nahezu vollkommen dem Erdboden gleichgemacht worden. Nur langsam wuchs aus den Trümmern eine neue Stadt hervor, die allerdings nur wenig von dem Glanz der alten Reichsstadt hatte. Der Französische Erbfolgekrieg bedeutete eine Zäsur in der Geschichte der Stadt, von der sich Speyer nie mehr ganz erholen konnte.

Nachdem bis 1697 eine Rückkehr der Speyerer in ihre Stadt nicht möglich war, konnte am 6. Januar 1698 der Rat, der aus seinem Exil in Frankfurt zurückgekommen war, seine erste Sitzung nach den Kriegsverheerungen in Speyer abhalten und rief hier zum Aufbau der zerstörten Stadt auf. Dieser Aufforderung folgten viele Speyerer, aber auch nicht wenige Neubürger. Der Wiederaufbau geschah ab 1700 – dem Zeitgeschmack gemäß – im Barock, auf dem Grundriss des mittelalterlichen Speyer. Es entstanden in den ersten Jahrzehnten des 18. Jahrhunderts Wohnhäuser, Kirchen und kommunale Verwaltungsbauten in schlichten Barockformen: 1726 das Rathaus, das Kaufhaus am Marktplatz, nicht weit davon die Dreifaltigkeitskirche 1717 und die Heiliggeistkirche 1704. Der Kaufmann Seger Ruland (1683–1745) erwarb 1709 in der Streichergasse einen verwilderten Garten, in dem er 1711 einige

Ansicht des östlichen Stücks der Hauptstraße, des Weinmarkts, mit Blick auf die romanische Westfassade des Doms, die zu dieser Zeit allerdings nicht mehr bestand, Gouache, um 1750. – Vor dem Mittelportal des Doms steht der Domnapf, rechts vorn das 1712-1726 erbaute Rathaus, links die untere Fleischschranne. Die Häuser scheinen nach den Zerstörungen von 1689 alle wiederaufgebaut worden zu sein und geben ein stattliches Bild ab.

Stöcke der – später nach ihm »Ruländer« genannten – Grauburgunder-Rebsorte anbaute. Trotz der Beseitigung der städtebaulichen Schäden und der allmählichen Rückkehr zur Normalität kam das Reichskammergericht nicht mehr nach Speyer zurück, sondern nahm seinen Sitz in Wetzlar.

Als der 1719 zum Bischof gewählte Damian Hugo Kardinal von Schönborn sich mit dem Gedanken trug, seinerseits wieder in Speyer zu residieren, wehrte sich der Rat energisch dagegen. Zu lebendig waren noch die Auseinandersetzungen zwischen Stadt und Bischof Heinrich Hartard von Rollingen († 1719), dem Vorgänger Schönborns, im sog. Speyerer Bauernkrieg von 1716 in Erinnerung. Damals hatte Rollingen anlässlich von Streitigkeiten über die Holznutzung am städtischen Wald die Stadt über drei Monate lang von 3000 Bauern aus den umliegenden bischöflichen Ortschaften besetzen lassen. Diese militärische Aktion verstieß eindeutig gegen das Reichsrecht, und die Stadt Speyer machte in Wien eine Klage wegen Landfriedensbruch anhängig. Da von Schönborn mit seinen Bauplänen für eine Residenz also in Speyer nicht auf Gegenliebe stieß, ließ er ab 1722 einen großartigen Schlossbau in Bruchsal errichten. Andauernde Beschwerden des Speyerer Stadtrates verleideten ihm sogar Besuche der Stadt, so etwa im Jahr 1722, als der Stadtrat Einspruch gegen einen Aufenthalt des Bischofs in Speyer erhob. Schönborn äußerte sich daraufhin verärgert über die Stadt: »Es wäre uns leid, wenn wir tot darin sein müssten, geschweige denn lebendig.«

Der 1689 halb zerstörte Dom wurde um 1700 nur in seinem Ostteil wiederhergestellt; der Westteil dagegen blieb bis weit in die zweite Hälfte des 18. Jahrhunderts Ruine. Zwischen Ost- und ruinösem Westbau klaffte eine breite Lücke. Um 1755 erfolgte der Abriss der Westtürme und des größten Teils des Westwerkes. Für zwei bis drei Jahrzehnte war der Dom nur ein Torso. Das Langhaus wurde um 1780 nach Plänen von Franz Ignaz Neumann wiedererrichtet und erhielt eine barocke Fassade mit Kuppeln und Rundtürmen. Anstelle der vormaligen Giebel erhielten Chor und Querhaus abgewalmte, also an allen Seiten abgeschrägte Dächer.

Um 1750 war die Stadt wieder weitgehend aufgebaut. Doch zeigte sich, dass die Zeit des politisch und wirtschaftlich bedeutenden, wohlhabenden und bevölkerungsreichen Speyer endgültig vorbei war. Die Stadt hatte am Ende des 18. Jahrhunderts nicht mehr als 2800 Einwohner.

Unter französischem Regiment

1792 eroberten unter dem Vorzeichen des sich ankündigenden Ersten Koalitionskriegs französische Revolutionstruppen Speyer. Die Französische Revolution von 1789 zeigte Folgen: Die militärischen Auseinandersetzungen der nächsten zwei Jahrzehnte und ihre fundamentalen Veränderungen für Deutschland standen vor der Tür. Zahlreiche Einwohner flohen aus der Stadt. Die

Der Dom von Südosten nach dem Abbruch des Westbaus, lavierte Feder-
zeichnung, um 1755/56.

Franzosen plünderten Speyer und erklärten alle bisher bestehenden Bindungen der Bürger an die Obrigkeit für aufgehoben.
Sie beseitigten die Zünfte und den Stadtrat, enteigneten die Kirchen und vertrieben die Geistlichen. Der kirchliche Besitz wurde als Nationalgut konfisziert.

Die reichsstädtische Geschichte der Stadt hatte damit de
facto ihr Ende gefunden. Äußeres Symbol der Veränderung
war das Aufstellen eines Freiheitsbaums an der Hauptstraße.
Hinzu kam die Gründung eines revolutionären Clubs, der
»Constitutionsgesellschaft«, durch einige Speyerer Bürger, die
sich für die Ziele der Französischen Revolution begeisterten
und auch in Deutschland eine politische und gesellschaftliche
Veränderung der Verhältnisse herbeiwünschten.

Der für das revolutionäre Frankreich erfolgreiche Kriegs-
verlauf bewirkte, dass Speyer ab dem 21. März 1797 offiziell

der französischen Republik angehörte. Es wurde Kreisstadt des Kantons Speyer im Département du Mont-Tonnerre und Sitz eines Unterpräfekten. Die Bevölkerungszahl erfuhr schon in der nachfolgenden Zeit einen deutlichen Zuwachs und belief sich 1813 – im Jahr der »Völkerschlacht« von Leipzig, die das Ende der französischen Vormachtstellung in Europa brachte – auf rund 6000 Einwohner.

In dieser Zeit erlitt Speyer in seiner baulichen Gestalt erneut erhebliche Schäden. Die Stadtmauern wurden nach 1689 zum zweiten Mal geschleift, der Dom und die Dreifaltigkeitskirche beschädigt sowie das leerstehende Franziskanerkloster und das ehemalige St.-Moritz-Stift abgebrochen. Das St.-Guido-Stift wurde in eine Krappmühle umgewandelt, in eine Mühle, in der die Wurzeln einer heimischen Färberpflanze, eben des rotfärbenden Krapps, für ihre spätere Verwendung zerrieben wurden. Mehrere Domherrenhöfe wurden abgerissen, andere versteigert. Als Joseph von Eichendorff 1807 als Heidelberger Student Speyer besuchte, bezeichnete er es in seinem Tagebuch als »ein rührender Trümmer alter deutscher Kraft und Herrlichkeit«, als eine Stadt, die »immer unbedeutender wird und bange Empfindungen erweckt«.

Bei dieser Gelegenheit besuchte er auch den Dom, »ein ungeheures, schönes Gebäude, vorn mit Säulen und Kuppeln, schon über achthundert Jahre alt, und erst seit der Revolution Ruine«. Denn kaum wiederhergestellt, war der Dom bereits 1794 durch französische Revolutionstruppen verwüstet, seiner gesamten Ausstattung beraubt und profaniert worden. Auch das Gnadenbild wurde dabei zerstört. Elf Jahre später, 1805, wurde er von der französischen Verwaltung sogar zum Abbruch bestimmt. An seiner Stelle sollte eine Parkanlage zu Ehren Napoleons angelegt werden. Nur die Vorhalle wäre nach diesen Plänen als Triumphbogen weiter erhalten geblieben. Den hartnäckigen Anstrengungen des Mainzer Bischofs Josef Ludwig Colmar und dem Eingreifen des französischen Kultusministers Jean-Étienne-Marie Portalis war es schließlich zu verdanken, dass das Gebäude gerettet und durch ein Dekret Napoleons vom 23. September 1806 der katholischen Gemeinde als Pfarrkirche überlassen wurde. Das Bauwerk war jedoch

»Pflanzung des Freiheitsbaumes zu Speier 1798«, Kupferstich von Johannes Ruland. – Bereits 1792 und 1794 waren von den französischen Revolutionstruppen Freiheitsbäume in Speyer gesetzt worden. Ob das Ereignis tatsächlich von einer so großen Menschenmenge verfolgt wurde, darf dahingestellt sein.

mittlerweile in einem so schlechten Zustand, dass es als Kirche nicht mehr genutzt werden konnte.

In der Napoleonischen Zeit wurde in Speyer kein bedeutendes Bauwerk errichtet. Es wurden jedoch umfassende Pläne

BERICHT EINES BISCHÖFLICHEN BEAMTEN AM 5. JUNI 1794

»Montags den 2ten Junius nachmittags 2 Uhr kam ich zu Speyer an: sogleich nahm ich den ersten Augenschein äußerlich am Fürstenhause und sah, dass das ganze Dachwerk äußerst ruiniert und dessen Wiederherstellung bis 40.000 Ziegel erforderlich sind. [...] Vom dem Fürstenhause begab ich mich zur Dechanei, fand dieselbe ganz abgebrannt, und sonst weiter nichts als noch den Rauch und das teerige schwarze Mauerwerk. [...] Die Jesuitenkirche ist gänzlich ausgeleert, die Kanzel an der Wand verbrannt [...]. Die Zimmer gleichen [...] einem Schweinestalle [...]. Der Pfalzbau ist so wie alle übrigen erwähnten Gebäude äußerst beschädiget [...]. In der lutherischen Kirche sind die Stühle, Emporkirche und Kanzel noch vorhanden, das Orgelwerk aber hat keine Pfeifen mehr [...], die Fenster sind eingeschlagen, die vier Evangelisten vom Portal heruntergestürzt [...]. An der Kirche des Frauenklosters zu St. Klara [...] findet sich [...] kein sonderlicher Schaden vor; wegen dem außerordentlichen Gestank und Unflat aber [...] kann innerhalb einem Jahre noch kein Gottesdienst darin abgehalten werden. [...]. Das Altpörtel verlor sein eisernes Geländer und seine Glocke, statt dieser wurde das kleine Spitalglöckchen hinauf gehängt, welches, so viel man dermalen weiß, noch das einzige in der Stadt ist.«

zur Begradigung und Verbreiterung der Straßen angefertigt; ihre vollständige Verwirklichung hätte die historisch gewachsenen Stadtanlagen als Ganzes zerstört. 1812 wurde dieses Vorhaben am nördlichen Ende der Stadt begonnen; die Wormser Landstraße zwischen der ehemaligen Diebsbrücke am Nonnenbach und dem St.-Guido-Stifts-Platz wurde in eine Avenue umgewandelt.

Das Ende der französischen Zeit verhinderte weitere Veränderungen im Stadtbild, denn die Kämpfe zwischen den Truppen der Alliierten und denen der Franzosen endeten für Speyer mit dem Abzug der französischen Besatzungstruppen am 31. Dezember 1813.

Bayerische Kreishauptstadt

Eine neue Bedeutung für die Stadt

Nach einer kurzen bayerisch-österreichischen Übergangszeit wurde die Pfalz mit dem Münchener Vertrag zwischen Bayern und Österreich vom 14. April 1816 bayerisch – und mit ihr Speyer. Es wurde die Hauptstadt des neu gebildeten Bayerischen Rheinkreises. Am 1. September 1816 wurde die »königliche Regierung der bayerischen Lande am Rhein« hier eingerichtet. Die Stadt hatte somit wieder an Bedeutung gewonnen. Das 1817 neu gegründete »Gymnasium« war ebenfalls ein nicht zu unterschätzender Faktor für das Ansehen und den Ruf der Stadt. Es sollte die Tradition des Ratsgymnasiums von 1540 fortsetzen. Als besondere Auszeichnung erhielt es eine »Lycealklasse«, deren Ausbildung bereits universitären Charakter hatte.

In keiner anderen bayerischen Kreishauptstadt mussten so viele Gebäude für die Verwaltungsbehörden und die Bedürfnisse der »neuen« Zeit eigens errichtet werden wie in Speyer. Zu nennen sind: das Gemeindeschulhaus (1825, Große Himmelsgasse), der Bahnhof (1847–1849, Bahnhofstraße), die Realschule (ab 1866, heutiger Willy-Brandt-Platz), der Alte Stadtsaal (1887, im Rathaushof Maximilianstraße), die Roßmarktschule (1890, jetzt im Besitz der Evangelischen Kirche der Pfalz, Roßmarktstraße), das Protestantische Konsistorium (1892–1893, heute Sitz des Landeskirchenrates, Domplatz), die Oberpostdirektion (1899–1901, Gilgenstraße), das Rentamtsgebäude (1901, Finanzamt, Ecke Ludwig-/Hilgardstraße), das Amtsgerichtsgebäude (1900–1902, Wormser Straße), das Kreisarchiv (1902, jetzt im Besitz der Evangelischen Kirche der Pfalz, Domplatz), das Humanistische Gymnasium (1902–1903, heute Gymnasium am Kaiserdom, Große Pfaffengasse), die Kreisversicherungsanstalt (1902/03, heute Stadthaus, Maximilianstraße), das Bischöfliche Ordinariat (1904–1907, Kleine

»Einzug Ihrer Majestäten des Königs und der Königin von Bayern in die Kreishauptstadt Speyer am 7. Juny 1829«, Lithographie, 1829. – Im Jahr zuvor war durch Ludwig I., der 1825 den bayerischen Königsthron bestiegen hatte und sich während seiner Herrschaft nachdrücklich um die kirchliche Restauration, besonders um die Wieder- und Neuerrichtung der Klöster bemühte, das Dominikanerinnenkloster St. Magdalena in Speyer wiedereröffnet worden.

Pfaffengasse), das Historische Museum der Pfalz (1907–1909, Domplatz), das Bezirksamt (1907–1910, jetzt Seelsorgeamt des Bischöflichen Ordinariates, Webergasse), die Pestalozzischule (1910, ehemalige Armbruststraße, 1982 abgerissen), die Zeppelinschule (1911/12, Neufferstraße), das Gebäude der späteren Landesbibliothek (1912, Johannesstraße) sowie zwei Kasernen. Das Regierungsgebäude zwischen Maximilianstraße und Kleiner Pfaffengasse (heute im Besitz des Bischöflichen Ordinariats) wurde 1824 umgebaut.

Die Kirchen: Neuorganisation und sozial-karitatives Wirken

Auch für die beiden großen Kirchen in der Pfalz brachte die Eingliederung der »Rheinpfalz« ins bayerische Königreich am 1. Mai 1816 einen Neuanfang. Dass Speyer auch für die jeweils obersten Behörden der beiden Kirchen ausgewählt wurde, trug wesentlich zur Aufwertung der Stadt bei. Sie wurde zum Sitz des Bischofs für das wieder errichtete Bistum Speyer und zum Standort des neuen Generalkonsistoriums der unierten Kirche der Pfalz. Die in den ersten fünf Jahren unter der neuen bayerischen Regierung entstandenen Strukturen waren für beide Kirchen richtungsweisend für das lange 19. Jahrhundert.

Der Sprengel der alten Diözese Speyer war bis zum Jahr 1801 im Wesentlichen unverändert geblieben. Das Bistum gehörte bis zu diesem Zeitpunkt kirchenrechtlich zur Kirchenprovinz Mainz. Linksrheinisch umfasste es größtenteils die heutige Pfalz und Teile des nördlichen Elsass, rechts des Rheins erstreckte es sich weit bis ins heutige Baden-Württemberg.

1794 hatte Bischof Damian August von Limburg-Styrum vor französischen Truppen flüchten müssen. Die Wirren der Französischen Revolution führten zum Untergang des alten Bistums Speyer. Endgültig aufgelöst wurde es durch den Friedensschluss von Lunéville (1801), nach dessen Bestimmungen die linksrheinisch gelegenen deutschen Territorien an Frankreich abgetreten werden mussten, und durch den dadurch erfolgten Abschluss des Konkordats – eines Vertrags, der die Beziehung zwischen Staat und Kirche regelt – mit Frankreich (ebenfalls 1801). Eine einschneidende Veränderung trat ein: Der größte Teil des linksrheinischen Gebiets des ehemaligen Bistums, das deckungsgleich mit dem damaligen Département du Mont-Tonnerre (Donnersberg) war, kam zur neu gebildeten Diözese Mainz. Das Gebiet südlich der Queich wurde dem Bistum Straßburg zugeteilt. Der letzte Speyerer Fürstbischof Wilderich von Walderdorff (1797–1810) verwaltete lediglich noch den rechtsrheinisch gelegenen Rest des Bistums weiter. Das traditionsreiche und auf eine lange Geschichte zurückblickende Bistum hatte somit aufgehört zu bestehen.

Als im Zuge der politischen Neuordnung Europas nach dem Wiener Kongress (1814–1815) Bayern 1816 Gebiete links des Rheins erhielt, erfolgte auch eine Neuordnung der kirchlichen Verhältnisse. Durch das erst 1821 in die Praxis umgesetzte Bayerische Konkordat von 1817 wurde das Bistum Speyer nun in wesentlich kleinerer Gestalt reorganisiert. Es wurde auf das Gebiet des bayerischen Rheinkreises (seit 1838 »Pfalz« genannt) beschränkt und der Kirchenprovinz Bamberg zugeordnet. 1821 wurden die bis heute bestehenden Diözesangrenzen, seine Verwaltungsgrenzen, festgelegt. Erst Anfang des Jahres 1822 kam der neue Bischof Matthäus Georg von Chandelle aus Aschaffenburg, wo er Direktor des erzbischöflichen Regensburger Vikariats war, nach Speyer.

Heute umfasst das Bistum Speyer den pfälzischen Teil des ehemaligen Regierungsbezirkes Rheinhessen-Pfalz (im Bundesland Rheinland-Pfalz) mit 5447,98 km^2 und den Saarpfalzkreis (im Saarland) mit 445,54 km^2. Der Gesamtgebietsumfang des neuen Bistums beträgt demnach 5893,52 km^2. Er ist im Wesentlichen deckungsgleich mit dem Einzugsgebiet der Evangelischen Kirche der Pfalz.

Im August 1818 schlossen sich in der Pfalz Reformierte und Lutheraner zur »Vereinigten protestantisch-evangelisch-christlichen Kirche der Pfalz« zusammen. Diese Kirchenunion der beiden bis dahin getrennten evangelischen Schwesternkonfessionen, deren 200-Jahr-Jubiläum 2018 begangen wurde, gilt als Geburtsstunde der heutigen Evangelischen Kirche der Pfalz.

Bereits vor der endgültigen Regelung der Besitzverhältnisse im Wiener Kongress wurden im September 1815 eine neue Kirchenverfassung erlassen und in Worms für Reformierte und Lutheraner ein gemeinsames protestantisches Generalkonsistorium errichtet. Nach Eingliederung der »Rheinpfalz« ins bayerische Königreich sollte das bereits im Mai 1816 in Speyer neu installierte Generalkonsistorium sämtliche reformierten und lutherischen Gemeinden des ganzen Landes von der Münchener Regierung aus gemeinschaftlich und einheitlich leiten. Zu Mitgliedern dieses neuen »Protestantischen Konsistoriums für den Rheinkreis« wurden vier Konsistorialräte ernannt: die zuvor schon im Wormser Generalkonsistorium amtierenden

Regierungsräte Johann Wilhelm Fliesen und Johann Friedrich Butenschoen, dazu die beiden Stadtpfarrer von Speyer, der Lutheraner Georg Friedrich Wilhelm Schultz (1774–1842) und der Reformierte Jakob Lukas Weyer (1771–1818). Als »Väter der Union« sollten sie in die pfälzische Kirchengeschichte eingehen.

Das Reformationsjubiläum am 31. Oktober 1817 beflügelte überall in den gemischtkonfessionellen Gebieten Deutschlands den Unionsgedanken. In der Pfalz, wo neben 180.000 Katholiken rund 135.000 Reformierte und 100.000 Lutheraner lebten, wurde die Vereinigung der beiden evangelischen Konfessionen besonders lebhaft gefordert. Eine breite Unionsbewegung entstand. Sogar schon eine Woche vor dem Reformationsfest, nämlich am 23. Oktober 1817, wurde in Speyer eine Lokalunion unterzeichnet. Dieser ersten im Umfeld des Reformationsjubiläums 1817 entstandenen Vereinigung zweier Kirchengemeinden in der Pfalz folgten wenig später Landau (30.10.1817), Kusel (1.11.1817) und Zweibrücken (14.11./7.12.1817). Bis Ende März 1818 waren es 80 Gemeinden, die im bayerischen Rheinkreis spontane Unionen geschlossen hatten. Die Regierung musste nach einer einheitlichen Lösung suchen, die das Nebeneinander dieser Partikularunionen beenden sollte, und ließ in allen pfälzischen Gemeinden über die beabsichtigte Union abstimmen. Nach einem eindeutigen Votum von 40.167 Stimmen für die Union wurde eine Generalsynode einberufen, die vom 2. bis zum 16. August 1818 in Kaiserslautern tagte. Die von ihr verabschiedete Unionsurkunde legte die Grundsätze der »Vereinigten protestantisch-evangelisch-christlichen Kirche der Pfalz« fest. Mit der gemeinsamen Abendmahlsfeier in der Kaiserslauterner Stiftskirche am 16. August 1818 war die Union von Reformierten und Lutheranern besiegelt. Am ersten Adventssonntag 1818 wurde sie feierlich mit Gottesdiensten in den Gemeinden – und damit auch in Speyer – eingeführt.

Sowohl die pfälzische Landeskirche als auch das Bistum Speyer suchten angesichts der durch die Industrielle Revolution und ihre Folgen verursachten sozialen Not Hilfestellung zu geben. Nachdem bereits 1836 Friederike und Theodor Fliedner in Kaiserswerth bei Düsseldorf das erste Diakonissenmutterhaus in Deutschland gegründet hatten, beschloss 1855 ein Kreis pfälzischer Pfarrer unter Leitung des damaligen Speyerer Dekans Georg Ludwig Ney (1802–1878) die Gründung der Evangelischen Diakonissenanstalt in Speyer. Die Mutterhausdiakonie sollte unverheirateten Frauen im Bereich der Krankenpflege und der Fürsorge für Frauen und Kinder eine eigenständige Berufstätigkeit ermöglichen. 1859 zogen die ersten, im Straßburger Diakonissenhaus ausgebildeten Schwestern in das reformierte Schulhaus neben der Speyerer Heiliggeistkirche ein. Die erste Oberin, Amalie Brentjens, kam aus Kaiserswerth. Bald entstanden auswärtige Stationen, z. B. in Zweibrücken (1860), Frankenthal (1864) und Pirmasens (1864). Carl Anton Scherer (1831–1905) wurde 1876 zum ersten hauptamtlichen Pfarrer der Diakonissenanstalt berufen. Durch seine Verbindung zu dem nach Amerika ausgewanderten wohlhabenden gebürtigen Speyerer Heinrich Hilgard (Henry Villard; 1835–1900) kam es zu einer Stiftung, die 1885 die Errichtung des heutigen Mutterhauses ermöglichte. Die Zahl der Diakonissen wuchs rasch an.

Auf katholischer Seite gründeten Priester und Laien 1851 den Vinzenzverein, dessen Mitglieder Arme und Kranke in ihren Wohnungen besuchten. Um dauerhafte Hilfe zu gewährleisten, berief der Vereinsvorstand die »Schwestern vom Göttlichen Erlöser« (Niederbronner Schwestern) nach Speyer. Die Ordensfrauen errichteten bald Schwesternstationen in zahlreichen pfälzischen Orten.

Zur religiösen Erziehung und Bildung der Jugend in Schulen und später auch in Kindergärten gründete Bischof Nikolaus von Weis 1852 das Institut St. Dominikus in Speyer. Bis ein Mutterhaus für die Schwesterngemeinschaft von St. Dominikus gebaut war, wurden die Schwestern in den Räumen des Dominikanerinnenklosters St. Magdalena untergebracht. Die ersten Kandidatinnen begannen 1852 ihre Ausbildung als Lehrerinnen. 1854 zogen die ersten zehn Schwestern in vier verschiedene pfälzische Gemeinden, um dort in den Volksschulen die Mädchen zu unterrichten. Die Schwestern erhielten eigene Satzungen, die an die Konstitutionen der Dominikanerinnen angelehnt waren, aber auf den Dienst in den Schulen Rücksicht nahmen. Die gemieteten Räume in St. Magdalena reichten nicht mehr aus, und die Schwestern erstellten 1887 einen eigenen Gebäudeflügel am Kloster St. Magdalena sowie 1910 ein eigenes Mutterhaus in der Vinzentiusstraße. 1893 wurde die Kongregation offiziell in den Dominikanerorden eingegliedert.

Die Gemeinschaft wuchs rasch an von hundert Schwestern 1897 bis auf 1018 Schwestern 1937 in 101 Konventen. Die Aufgaben vermehrten sich: von der Tätigkeit in Volksschulen und Höheren Mädchenschulen, von Handarbeitsschulen und Kindergärten bis zur Kranken- und Säuglingspflege und Familienhilfe.

Gründerzeitliche Vorstadt und städtebauliche Erweiterung

Der nach einer notdürftigen Wiederherstellung 1822 neu geweihte Dom wurde als »Nationaldenkmal« betrachtet und als solches v. a. durch den bayerischen König Ludwig I. gefördert. Der nationale Erneuerungsgedanke verband sich mit der Erinnerung an die hier bestatteten Kaiser und Könige des Mittelalters. Man bezeichnete den Dom gerne als »Burg und Warte«, als »Bollwerk« gegen Frankreich, das 1840 erneut die Rheingrenze gefordert hatte. »Zudem«, so schrieb 1849 Bischof Nikolaus von Weis an den bayerischen König Maximilian II., »hat der Kaiserdom für das große einige Deutschland … eine deutsche Bedeutung wie kein anderer Dom«.

Von 1846 bis 1853 wurde das Innere – veranlasst von Ludwig I. – in nazarenischem Stil von dem Historienmaler Johann Schraudolph und dem Dekorationsmaler Josef Schwarzmann ausgemalt. Der großen Bilderreihe lagen die Stellung Mariens in der Heilsgeschichte und das Leben und Wirken der Heiligen Stephanus und Bernhard als Gesamtkonzept zugrunde. Durch die Ausmalung – v. a. durch die Ornamentmalerei – ging der romanische Charakter des Innenraumes fast vollständig verloren. Bei der 1957 begonnenen Restaurierung des Domes wurde deshalb die Ornamentmalerei Schwarzmanns ganz entfernt. Von Schraudolphs 123 Gemälden wurden nur 24 im Mittelschiff belassen.

Entwurf des Westbaus des Doms von Heinrich Hübsch 1855, Lithographie von L. Engässer.

Von 1854 bis 1858 erfolgte nach Plänen von Heinrich Hübsch die Errichtung des Westbaus mit Vorhalle und dreier Türme im Stil der Neoromanik. Zwischen 1900 und 1906 wurden die Kaisergräber geöffnet, und in Verbindung mit der Krypta wurde eine eigene Kaisergruft geschaffen (s. Kasten S. 96).

Da die vielen in die neue Kreisstadt drängenden Neubürger kein Geld zum Bauen hatten, mussten sie sich zunächst mit den vorhandenen Bauten begnügen. Um Platz zu schaffen, wurden die großen Wohnungen in den Wohnhäusern des 18. Jahrhunderts vielfach unterteilt und dicht belegt. Auch entstanden kleine Häuschen – von Privatleuten vorfinanziert – in der zweiten Hälfte des 19. Jahrhunderts an den Gartenwegen östlich der Armbruststraße in der Mehl-, der Steinmetzer- und der Mörschgasse, die an Arbeiter und Handwerker vermietet und verkauft wurden. Außerdem bebaute man auch mehrere von der Hasenpfuhlstraße nach Norden abzweigende Gassen mit kleinen aneinandergebauten Häusern. Eine besondere Maßnahme war in

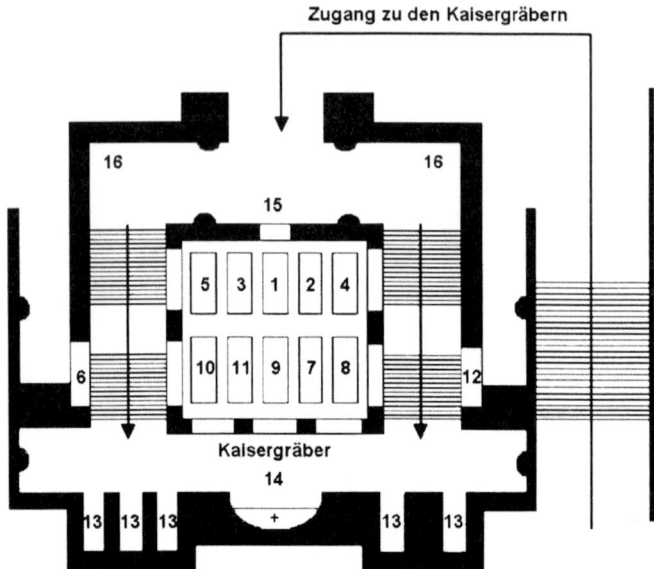

Zugang zu den Kaisergräbern

Kaisergräber

Schema der Grablege. Kaisergruft. 1 Kaiser Konrad II. († 1039), Gründer des Domes; 2 Kaiserin Gisela († 1043), Gemahlin Konrads II.; 3 Kaiser Heinrich III. († 1056), Sohn Konrads II.; 4 Kaiserin Berta († 1087), Gemahlin Heinrichs IV.; 5 Kaiser Heinrich IV. († 1106), Sohn Heinrichs III.; 6 Kaiser Heinrich V. († 1125), Sohn Heinrichs IV.; 7 Kaiserin Beatrix († 1184), 2. Gemahlin Friedrich Barbarossas, und ihre Tochter Agnes; 8 König Philipp von Schwaben († 1208), Sohn Friedrich Barbarossas.

DIE SPEYERER GRABLEGE

Die Schaffung einer begehbaren Kaisergruft in Verbindung mit der Krypta erfolgte erst von 1900 bis 1906 und brachte eine weitere wesentliche Veränderung des Domes mit sich. Es gab ursprünglich keine Gruft, die Gräber lagen am Ende des Mittelschiffes vor dem Lettner, einer Schranke vor dem Chor, und dem Kreuzaltar. Man hatte die Gräber ursprünglich mit Erde überschüttet, wodurch der »Königschor« entstand. Ein Doppelmonument, überdeckt von Marmorplatten mit entsprechenden Inschriften, zeigte ihre Stelle an. Dieses Monument und ein Teil der Gräber waren 1689 zerstört worden. Daraufhin wurde um 1700 alles eingeebnet. Als im Jahr 1900 die Kaisergräber geöffnet, die Grabbeigaben entnommen und die Toten wieder bestattet wurden, errichtete man über den Särgen ein Gewölbe, so dass die Gräberzone betreten werden konnte. In der ersten Reihe ruhen die in Speyer bestatteten salischen Herrscher sowie zwei Kaiserinnen. Zu ihnen gesellen sich in der zweiten Reihe verwandte Hohenstaufer und zwei Könige aus dem Hause Habsburg. In der dritten Reihe ruhen fünf Bischöfe. In der nördlichen Mauernische ist der in einen neuen Sarg gebettete Salier Heinrich V. bestattet (s. Abb. S. 96). Die Beigaben aus den Gräbern sind heute in der Domschatzkammer im Speyerer Historischen Museum der Pfalz zu sehen.

Ab 1960 wurde die Vorkrypta wiederhergestellt. Vor dem Gräberblock wurde das mit Porträtzügen ausgestattete Grabbild König Rudolfs (entstanden um 1290), eine Arbeit mittelrheinischer Prägung, aufgestellt. Es war 1806 in der Ruine des Johanniterklosters gefunden und 1822 an den Dom übergeben worden. An den Seitenwänden der Vorkrypta befinden sich zudem zwei Relieftafeln (etwa 1480 geschaffen) mit den Darstellungen der acht in den Steinsärgen ruhenden Kaiser und Könige.

diesem Kontext die Anlage einer »Wohnkolonie« mit Kleinhäusern in der zur Gilgen-Vorstadt gehörenden Kapuzinergasse. Der Unternehmer, ein Privatmann, ermöglichte es den Mietern, durch eine Abzahlung in Raten selbst Eigentümer der einfachen Kleinhäuser zu werden.

Speyer hatte 1850 rund 10.000 Einwohner. Bis etwa 1870 verlief der Bevölkerungsanstieg gemächlich, entwickelte sich aber danach umso schneller: 1900 waren es mehr als 20.000. Der stetige Anstieg der Einwohnerzahl brachte es mit sich, dass sich Speyer seit den 1880er-Jahren ohne ein stadtplanerisches Konzept nach Südwesten ausdehnte. Die so entstandene gründerzeitliche Vorstadt ist von überwiegend zweigeschossigen Wohnhäusern geprägt. Zwischen 1870 und 1910 schlossen sich diese langsam zu Häuserzeilen zusammen. Nur kurze Straßenabschnitte wurden einheitlich erstellt.

Um 1900 war das Gebiet zwischen der Bahnlinie im Nordwesten und der Diakonissenstraße im Südosten bis zur Bis-

marck- und Schraudolphstraße im Südwesten weitgehend bebaut. Die zunächst seit den 1880er-Jahren weit außerhalb der Stadt gelegenen Gebäudekomplexe der Kasernen und der 1885 errichteten Evangelischen Diakonissenanstalt wurden somit schon bald von der Wohnbebauung erreicht.

Errichtung der Gedächtniskirche und der Josephskirche

Die Errichtung der Gedächtniskirche (1893–1904) zur Erinnerung an die Protestation auf dem Speyerer Reichstag 1529 und der Bau der St. Josephskirche (1912–1914) verliehen dem Stadtbild vor dem Ersten Weltkrieg neue Akzente.

Angeregt durch die vom bayerischen König geförderten Baumaßnahmen am Speyerer Dom, fassten die pfälzischen Protestanten 1856 den Plan, ihrerseits an die »Geburtsstunde des Protestantismus« durch einen bedeutenden Kirchenbau zu erinnern. Es wurde ein Bauverein für die neu zu errichtende Kirche gegründet, der sich »Retscher-Verein« nannte und 1857 erstmals mit einem Spendenaufruf an die Öffentlichkeit trat. Die Speyerer Konsistorialräte Friedrich Börsch (1794–1880) und Johann Heinrich August Ebrard (1818-1888) zählten zu seinen Initiatoren. Man wolle »ein Gotteshaus bauen, zu dem alle Protestanten auf Erden die Bausteine liefern sollten«.

Die Gedächtniskirche sollte im Stil französischer Kathedralgotik erbaut werden. Ein neoromanischer Kirchenbau kam von Anfang an nicht in Frage, da dieser zu sehr an den Dom erinnert hätte. Allerdings war beabsichtigt, sich »baukünstlerisch mit dem Dom zu messen« (Herbert Dellwing).

Als 1882 nachgewiesen wurde, dass der Reichstag von 1529 nicht im Retscher abgehalten worden war, änderte der Bauverein seinen Namen in »Verein zur Erbauung der Gedächtnis-

◀ **Grabplatte Rudolfs von Habsburg. – Auf der Brust trägt er als König des deutschen Reichs den Reichsadler. Ungewöhnlich sind die Runzeln auf seiner Stirn: Entgegen der zeittypischen »idealen« Herrscherdarstellung hat der unbekannte Steinmetz ihm auf der Grabplatte individuelle Züge verliehen.**

Gedächtniskirche der Protestation von 1529
im Bau begriffen

Die Gedächtniskirche während ihrer Erbauung, aufgenommen um 1900.

kirche der Protestation von 1529«. Ein neues Baugrundstück
musste gefunden werden. Nach der Begutachtung mehrerer
Bauplätze zu Beginn des Jahres 1883 wurde ein neuer Bauplatz
auf dem der Stadt gehörenden Promenadenplatz vor dem ehemaligen Landauer Tor im Südwesten gewählt. Dort war bereits
eine neue Vorstadt im Entstehen. Auf diesem weiträumigen
Platz sollte die geplante Kirche erbaut werden – städtebaulich
gesehen als ein Gegengewicht zum Dom. Die Planungsge-
schichte des Kirchenbaus zeigt sehr deutlich, dass die Gedächtniskirche »als ein mit dem Kaiserdom konkurrierendes Gottes-

DIE GLASFENSTER DER GEDÄCHTNISKIRCHE

Die Kirche besitzt einen umfassenden Glasfensterzyklus, den zahlreiche führende deutsche Glasmalereiwerkstätten geschaffen haben und der die beiden Weltkriege unbeschadet überstanden hat. Das Bildprogramm setzt die Reformation in Beziehung zu Geschehnissen im Alten und Neuen Testament. So zeigen die großen Fenster über den Emporen des Langhauses rechts die drei »Gesetzgebungen«: Moses auf dem Berg Sinai, wo er die Zehn Gebote empfangen hat, die Bergpredigt Jesu und Martin Luthers »Thesenanschlag« als Auftakt der Reformation. Auf der linken Seite sind drei »Berufungen« dargestellt: die Berufung Jesajas zum Propheten, die Bekehrung und Berufung des Paulus zum Apostel sowie die Berufung Johannes Calvins nach Genf. Das große Mittelfenster der Apsis zeigt die den Kirchenraum dominierende Gestalt des segnenden Christus. Links davon sind der Apostel Paulus und die Reformatoren Melanchthon und Luther zu sehen, rechts der Apostel Johannes und die Reformatoren Huldrych Zwingli und Johannes Calvin.

haus aufgefasst« (Herbert Dellwing) wurde. Immer wieder wurde der Dom zum Vergleich herangezogen.

Als nächstes wurde ein Architektenwettbewerb ausgeschrieben. An ihm beteiligten sich 45 Architekten, von denen zunächst fünf in die engere Auswahl kamen. Sie alle hatten Entwürfe in neogotischem Stil eingereicht. Im November 1884 wurde schließlich die Architektengemeinschaft von Julius Flügge und Karl Nordmann aus Essen mit den Planungen der neuen Kirche beauftragt.

Die Bemühungen des Bauvereins, Spenden einzuwerben, waren sehr erfolgreich, denn nicht nur deutsche Protestanten, sondern auch ausländische, insbesondere aus den USA, unterstützen das Bauprojekt, ebenso die jüdische Gemeinde in Speyer. Zahlreiche Spenden gingen von den Bürgern ein. Unterstützung erhielt der Bauverein auch von König Ludwig II. und insbesondere von Kaiser Wilhelm II., der selbst Protestant war. Als die nötigen Mittel zur Fertigstellung der Kirche noch nicht komplett zur Verfügung standen, gab der Kaiser seine

Die Gedächtniskirche heute.

Zusicherung, das Bauobjekt zu fördern. Er verbürgte sich 1890 für die Restfinanzierung der errechneten 1,2 Mio. Mark Baukosten und empfahl den Baubeginn. Mit dieser Zusage konnten die Bauarbeiten begonnen werden. Die kaiserliche Familie stiftete außerdem die Fenster im Chor und gab ihre Zustimmung für die Benennung des Chorraums als »Kaiserchor«.

Der erste Spatenstich erfolgte am 19. September 1890. Der Tag der Grundsteinlegung war der 24. August 1893. Im Jahr 1900 war der Rohbau mitsamt dem Turm bis zum Dachfirst erstellt. Nach elf Jahren Bauzeit wurde die Kirche – nach einer Vorfeier am 30. August 1904, bei der das Lutherdenkmal in der Gedächtnishalle enthüllt wurde – schließlich am 31. August 1904 mit einem Festzug und drei Festgottesdiensten im Beisein zahlreicher Ehrengäste und unter großer Anteilnahme der Bevölkerung feierlich eingeweiht. Der Bau wurde als dreischiffige, gewölbte Halle über dem Grundriss eines lateinischen Kreuzes errichtet. Die Gewölbe wurden aus leichtem Tuffstein gestaltet, alle übrigen Baukomplexe aus Sandstein erstellt. Vor dem Langhaus wurde ein 105 m hoher, sechseckiger Turm, der höchste in Speyer, erbaut. Die Dächer sind mit farbig glasierten Ziegeln im

Rautenmuster belegt. Bereits 1903 war das von Hermann Hahn (München) geschaffene Lutherdenkmal in der Vorhalle unterhalb des Turms aufgestellt worden. 1908 kamen der Altaraufbau mit einer lebensgroßen Christusfigur des Bildhauers Feihl (Wiesbaden) und 1914 die von Max Baumbach (Berlin) entworfenen sechs bronzenen Standbilder der protestierenden Landesfürsten von 1529 in der Gedächtnishalle hinzu.

Auf die Bemühungen des evangelischen Bevölkerungsteils um die Errichtung der Gedächtniskirche reagierten die Speyerer Katholiken bereits seit 1856 mit Anstrengungen, eine zweite katholische Pfarrkirche zusätzlich zum Dom, der auch Pfarrkirche war und ist, zu errichten. Als der »Verein zur Erbauung der Gedächtniskirche« im Jahr 1883 den Bauplatz erwarb, bemühte man sich auf katholischer Seite um ein Gelände in dessen unmittelbarer Nähe, um dort die Josephskirche zu erbauen. Der ursprüngliche Bauplatz lag gegenüber der heutigen Kirche und wurde später eingetauscht. Der für das Vorhaben unerlässliche Kirchenbauverein wurde 1887 gegründet. Treibende Kraft war der Dompfarrer Valentin Münch.

Mit der Planung wurde 1899 der Mainzer Dombaumeister Ludwig Becker beauftragt. Er konzipierte das Gebäude im Jugendstil und gestaltete es bewusst als Denkmal der Gegenreformation, indem er Stilformen aufgriff, die nach Gründung des Jesuitenordens (1540) Verwendung gefunden hatten. »Die Kirche nimmt so den Rang eines konfessionellen Denkmals ein« (Clemens Jöckle). Am 9. Juni 1912 wurde der Grundstein gelegt. In der Predigt des Dompfarrers Josef Schwind werden die Motive für den Kirchenbau angesprochen. Ohne die Protestation und den Bau der Gedächtniskirche zu erwähnen, wird sofort die Gegenposition greifbar: Statt eines Kirchenbaus für die Welt sollen bei der Josephskirche »die Anhänglichkeit an die engere Heimat« und die Treue zum bayerischen Königshaus bezeugt werden. Bei der Gedächtniskirche war ja – wie bereits erwähnt – der protestantische Kaiser Wilhelm II. der Protektor des Baus gewesen. Am 2. August 1914 wurde die Josephskirche geweiht. Der Festgottesdienst stand unter dem Zeichen der deutschen Mobilmachung und der Kriegserklärung an Russland: Eine Zeitenwende stand vor der Tür.

Blick vom Altpörtel über das Quartier Große Gailergasse und Gilgenstraße auf die Gedächtniskirche mit ihrer charakteristischen Rosette (links) und die Josephskirche (rechts), aufgenommen nach 1915.

Mittelpunkt der Pfalz

Die Kreishauptstadt war im 19. Jahrhundert unbestritten der geistige und kulturelle Mittelpunkt der Pfalz. Zahlreiche bedeutende Vertreter aus den Bereichen Kunst und Literatur, Naturwissenschaft und Technik wurden hier geboren oder waren mit der Stadt verbunden. So ist Speyer der Geburtsort der Maler Anselm Feuerbach (1829–1880) und Hans Marsilius Purrmann (1880–1966).

Von den zahlreichen mit Speyer verbundenen bedeutenden Persönlichkeiten sei der seit 1813 am Lyzeum wirkende Mathematiker und Physiker Friedrich Magnus Schwerd (1792–1871) genannt. Er erbrachte auf den Gebieten der Vermessungskunde, Astronomie, physikalischen Optik und Messkunde große wissenschaftliche Leistungen und genoss hohes Ansehen. Unter den hier geborenen Schriftstellern, die einen

ANSELM FEUERBACH

Der am 12. September 1829 in Speyer geborene Anselm Feuerbach gehört zu den bedeutendsten deutschen Malern des 19. Jahrhunderts. Er zählt zu den Deutschrömern, einer Kunstrichtung, die von der Antike, besonders der römischen Antike, beeinflusst war. Die wichtigste Zeit seines Schaffens war sein Aufenthalt in Rom von 1857 bis 1872. 1873 wurde er als Professor an die Akademie der Bildenden Künste Wien berufen. Dort erhielt er den Auftrag, einen Saal im Gebäude der Akademie mit Plafondmalereien zu dekorieren. Allerdings vollendete er dort nur das Hauptbild »Der Sturz der Titanen«. Für die Lehrtätigkeit war er jedoch weniger geeignet, so dass er bereits 1876 seine Professur in Malerei niederlegte. In den letzten Jahren seines Lebens schuf er für den Justizpalast in Nürnberg das Gemälde »Huldigung Ludwigs des Bayern«. Am 4. Januar 1880 starb er in Venedig. Sein Grab befindet sich auf dem St. Johannis-Friedhof in Nürnberg. Einige seiner bekannten Ölgemälde sind heute im Historischen Museum der Pfalz in Speyer. Sein Geburtshaus in der Allerheiligenstraße wurde 1975 zu einem Museum ausgebaut.

über die Stadt selbst hinausreichenden Ruf erlangten, sind Martin Greif (eigentlich Friedrich Hermann Frey, 1839–1911) und Lina Sommer (geb. Antz, 1862–1932) zu nennen.

Wie die gesamte Pfalz, so zählte auch Speyer in der ersten Hälfte des 19. Jahrhunderts zu den Zentren des Liberalismus. Wer in dieser Zeit »liberal« gesonnen war, dachte »national«. Der Speyerer Abgeordnete in der Paulskirche war der Journalist, Schriftsteller, Verleger und Bürgermeister Georg Friedrich Kolb (1808–1884). Auch der bayerische König Maximilian II. (reg. 1848–1864) und sein Bruder Otto (König von Griechenland 1832–1862) begeisterten sich für den Freiheitskampf – allerdings nicht für den deutschen, sondern für den griechischen. In dieser Zeit erhielten Bayern und Speyer zu Ehren des Grafen Alexandros Ypsilantis, eines griechischen Freiheitskämpfers, ihre heutige Schreibweise mit y.

HANS MARSILIUS PURRMANN

Der am 10. April 1880 in Speyer geborene und aufgewachsene Maler, Graphiker, Kunstschriftsteller und Sammler Hans Marsilius Purrmann gehörte zusammen mit seiner Frau, der Künstlerin Mathilde Vollmoeller-Purrmann (1876–1943), zur malerischen Avantgarde Deutschlands in der ersten Hälfte des 20. Jahrhunderts. Sein aus rund 1400 Ölgemälden, über 400 Aquarellen, über 1200 Zeichnungen und Grafiken bestehendes Werk umfasst Stillleben, Akte, Porträts und herausragende Landschaftsbilder. Purrmann studierte nach seinem Besuch der Kunstgewerbeschule in Karlsruhe an der Akademie der Bildenden Künste in München. Dort war er Schüler des Franz von Stuck und lernte u. a. Paul Klee, Wassily Kandinsky und Albert Weisgerber kennen, mit dem ihn eine herzliche Freundschaft verband. Nach der Hochzeit 1912 lebte die Familie bis 1914 in Paris. Dort war Purrmann Schüler von Henri Matisse, dem er sein Leben lang freundschaftlich verbunden blieb, und zählte zu den Gründungsmitgliedern der »Académie Matisse«. 1915 bis 1935 wirkte er in Berlin und war Mitglied der »Berliner Secession«. 1937 galt seine Kunst im Dritten Reich als »entartet«. Die Familie verließ Deutschland und lebte zunächst in Florenz, wo er 1935 die Leitung der Deutschen Künstlerstiftung in der Villa Romana übernahm, und ab 1943 in der Schweiz. In Montagnola im Tessin lebte er in unmittelbarer Nachbarschaft mit Hermann Hesse. Nach Deutschland kehrte Purrmann erst ab 1950 und auch nur zeitweilig zurück. Er wurde Mitglied verschiedener Künstlervereinigungen, wie z. B. der Pfälzischen Sezession. Er blieb seinem eigenen, von großer Farbigkeit geprägten und dennoch vom Expressionismus unabhängigen Stil bis zuletzt treu und gilt heute als der große Kolorist Deutschlands im 20. Jahrhundert. Er starb am 17. April 1966 in Basel und wurde in Langenargen am Bodensee, seinem langjährigen Urlaubsort, begraben.

Im Speyerer Stadtratsitzungssaal befindet sich das 1932/33 von ihm für den damaligen Kreissitzungssaal geschaffene großflächige »Triptychon«. Sein Geburtshaus in der Kleinen Greifengasse wurde 1990 zu einem Museum zu Ehren des Malers ausgestaltet.

Hans Marsilius
Purrmann.

Ausbau der Verkehrsverbindungen zu Wasser und zu Land

Im 19. Jahrhundert, in einer Zeit großer Umwälzungen und Innovationen, unternahm Speyer enorme Anstrengungen, um den wirtschaftlichen Anschluss nicht zu verlieren. Die zunehmende Beweglichkeit von Personen und Gütern, der Ausbau der Verkehrsverbindungen, besonders eines immer stärker verzweigten Schienennetzes, und die Anbindung auch entlegener Regionen prägten die Bemühungen dieser Zeit. So baute die Stadt in den 1830er-Jahren ihren Hafen aus. 1836 hoffte sie, durch den Bau einer Eisenbahntrasse von den Steinkohlegruben bei Bexbach bis hin zum Rhein einen wirtschaftlichen Aufschwung zu erreichen. Der Regierungspräsident forderte, Speyer müsse als Hauptstadt der Pfalz Endstation der Bexbacher Strecke werden. Als Argumente dafür brachte er vor, dass die Stadt der Mittelpunkt zwischen Mainz und Straßburg sowie ein alter Handelsplatz sei. Jedoch sprach sich die Mehrzahl der Ludwigsbahn-Aktionäre aus Mannheim sowohl gegen Speyer als Endpunkt wie auch generell gegen eine Linienführung über

Die Speyerer Pontonbrücke im geschlossenen Zustand, aufgenommen um 1900.

Speyer aus. Die Trasse Neustadt–Rheinschanze, das spätere Ludwigshafen, erhielt schließlich den Vorzug.

Dennoch ließ sich die Stadt nicht entmutigen, eine bessere Verkehrsverbindung ins Rechtsrheinische anzustreben. 1861 befasste sich der Stadtrat mit dem Vorhaben, eine Schiffsbrücke zu bauen – ein Unterfangen, das erst nach längeren Verhandlungen zwischen Bayern und Baden 1865 realisiert wurde.

Als 1869 in Heidelberg ein Bahnkonsortium über eine Bahnstrecke Heidelberg–Schwetzingen–Speyer verhandelte, musste sich Speyer mit einem Notbehelf zufriedengeben. Die 1865 eröffnete Rheinbrücke – eine Schwimmbrücke, bei der auf 42 eisernen Pontons, eigens konstruierten Schwimmkörpern, eine 234 m lange Fahrbahn montiert war – wurde 1873 für den Eisenbahnverkehr ausgerüstet. Zudem wurden vom Hauptbahnhof bis zur Auffahrtsrampe am Rhein 3,4 km Schienen verlegt und drei Brücken gebaut. Die neue Strecke wurde am 10. Dezember 1873 in Betrieb genommen.

Eine der letzten Fahrten des »Klepperles« über die schwimmende Brücke, aufgenommen vor April 1938.

Dieses Provisorium blieb für fast 65 Jahre bis zur Vollendung der sehnlich erwarteten festen Rheinbrücke im Jahr 1938 bestehen.

Im Zuge eines zunehmenden wirtschaftlichen Erfolgs und eines damit erstarkenden Selbstbewusstseins des Bürgertums kam es in der zweiten Hälfte des 19. Jahrhunderts zu zahlreichen Firmengründungen, weil die städtische Mittel- und Oberschicht nun in die Wirtschaft investierte. Es entstanden größere Produktionsstätten vor den Toren der Stadt, da das eigentliche Stadtgebiet ja bereits vollständig bebaut war. Dazu zählten etliche Brauereien: 1868/69 bestanden in Speyer 20 Brauhäuser, für die das westlich der Bahnlinie ansteigende Terrain mit mehrstöckigen Gewölben für die notwendige Kühlung des Biers unterkellert wurde. Im Hafengebiet wurden auf der alten Kranenwiese die Ziegelwerke errichtet.

In der Nähe der Fabrikationsstätten und somit ebenfalls außerhalb der Stadtmauern ließen die Unternehmer ihre Villen

Brauerei Schwartz-Storchen A.-G.
Speyer a/Rh. (Bayern)

Briefkopf der Brauerei Schwartz-Storchen A.G. – Ganz im Zeichen der modernen Zeit zeigt der Briefkopf die Werksgebäude mit rauchenden Schloten und einem Zug, der nicht nur Fahrgäste, sondern auch Erzeugnisse aus Speyer weiterbefördert; über allem fliegt der namensgebende Storch.

erbauen. Das Gebiet vor den Mauern wurde somit bevorzugtes Wohngebiet für die finanziell besser gestellten Bürger. Die Stadt wuchs immer rascher über das angestammte Stadtgebiet hinaus. Dies begann in den 1860er-Jahren in der Hilgardstraße und setzte sich dann v. a. nach der Gründung des Deutschen Reiches 1871 und dem damit beginnenden Aufschwung in der Gründerzeit mit der Bahnhofstraße fort.

Moderne Stadtquartiere

Am Ende des 19. Jahrhunderts bestanden in Speyer 51 Industriebetriebe mit nahezu 3000 Beschäftigten – die kaufmännischen Angestellten nicht mitgezählt. Die Unterbringung dieser zahlenmäßig großen, gering verdienenden Bevölkerungsschicht führte zu einer massiven Wohnungsnot. Der Stadtrat hatte bisher den Wohnungsbau gänzlich privaten Initiativen überlassen,

DER RHEIN

Der Rhein bildet die östliche Grenze der Stadt und trennt Rheinland-Pfalz von Baden-Württemberg. Er tritt bei Stromkilometer 393,8 in die Gemarkung Speyer ein und verlässt sie nach 9,2 km bei Stromkilometer 403. Der Fluss war im Lauf der Jahrhunderte immer wieder Grenze, zugleich aber auch verbindendes Element zwischen den links- und rechtsrheinischen Territorien. In der römischen *Civitas Nemetum* lag im Gebiet des späteren Hasenpfuhl an der sich verbreiternden Mündung des Speyerbachs ein Hafen, der vermutlich auch Anlagestellen für größere Lastschiffe bot. Damals floss der Rhein noch direkt unterhalb des heutigen Domhügels um die durch drei aufeinanderfolgende Kastelle geschützte römische Siedlung auf dem Ausläufer des Hochufers. Durch Grabfunde sind Fischfang und Schifffahrt im römerzeitlichen Speyer belegt.

Nach dem Abzug der Römer (406/407) und während der Wirren der Völkerwanderungszeit lebten unter der provinzialrömischen Bevölkerung auch weiterhin Schiffer, Schiffszimmerleute und Händler. Auf die Bedeutung des Rheins für Speyer weisen auch hochmittelalterliche Münzen mit Schiffsdarstellungen und den Umschriften *Nemetis civitas* und *Spira civitas* hin. Zu den Freiheiten, die 1111 Kaiser Heinrich V. der Stadt gewährte, zählte auch die Befreiung von Schiffsrequisitionen und -steuern.

Von Speyer aus entwickelte sich der Verkehr nach Norden und Süden auf dem Rhein, von Osten nach Westen über Landstraßen. Um auf die rechte Rheinseite zu gelangen, war eine Fährverbindung notwendig, die bis zur Inbetriebnahme der provisorischen Rheinbrücke 1865 bestand.

Bis zum 19. Jahrhundert floss der Rhein in einem gewundenen, verhältnismäßig flachen und sich weit in östlicher und westlicher Richtung verzweigenden Flussbett. 1826 wurde eine Korrektur durch den großherzoglich-badischen Oberingenieur Johann Gottfried Tulla durchgeführt. Dabei wurde auf einen Durchstich bei Speyer verzichtet, das andernfalls nicht mehr am Rhein läge. Allerdings wurde durch eine Begradigung eine alte Flussschleife, also ein Altrheinarm, im Süden der Stadt vom Fluss abgeschnitten. Dieses Gebiet steht heute mit seinem sich nach Norden ziehenden Auwald und seinen Wasserflächen unter europäischem Naturschutz. In der Rheinniederung nord-westlich des Stadtgebietes entstanden durch Sand- und Kiesab-bau zahlreiche Baggerseen; das Gebiet »Binsfeld« mit sieben Seen nördlich der A 61 erfreut sich als Naherholungsgebiet großer Beliebtheit. Im äußersten Norden hat Speyer noch Anteil am Angelhofer Altrhein.

doch musste er nun handeln. 1900 gab es nach dem Vorbild von Ludwigshafen (1897) und Pirmasens (1899) Überlegungen zur Errichtung von Siedlungen in der Trägerschaft von Bau-genossenschaften, doch wurden derartige Pläne erst im zweiten Jahrzehnt des 20. Jahrhunderts verwirklicht. 1910 beauftragte die Stadt einen Münchener Architekten mit der Ausarbeitung eines umfassenden Bebauungsplanes.

Abgesehen von der Beamtensiedlung am Speyerbach, die schon ab 1910 auf einer anderen Grundlage entstand, wurde zugleich mit der Errichtung mehrerer Siedlungen unmittelbar nach dem Ende des Ersten Weltkriegs 1918 begonnen: die Ar-beitersiedlung am Woogbach (1919), die Offizierssiedlung am Bahnhof (1920) und die Siedlung für Postbedienstete am Was-serturm (1922). Dabei war die 1918 gegründete Gemeinnützi-ge Baugenossenschaft der bedeutendste Bauträger; ihr folgten andere auf dem genossenschaftlichen Gedanken basierende Vereinigungen nach: Bauarbeitsgemeinschaft »Neuland« und Bauarbeitergenossenschaft »Selbsthilfe« (1922), Bau- und Spargenossenschaft »Gut Heim« (1926) sowie die Gemeinnüt-zige Handwerker-Baugenossenschaft (1927). Durch die er-wähnten Siedlungen, bei denen nahe des Stadtkerns die Block-hausbauweise, weiter außerhalb die Reihenhausbauweise vorherrscht, erweiterte sich das bebaute Stadtgebiet ganz er-heblich, insbesondere nach Nordwesten. Dieser Siedlungsbau kam in den 1930er-Jahren zum Abschluss.

Zwischen den Weltkriegen

In den ersten Jahren der Besatzungszeit nach dem Ersten Weltkrieg versuchte Frankreich wiederholt, die Pfalz vom Deutschen Reich abzutrennen. Die 1919 vom französischen General Gérard betriebene Proklamation der »Republik Pfalz« in Speyer durch den Separatistenführer Eberhard Haaß scheiterte am Widerstand der Speyerer Demonstranten. Nach dem »Bildersturm« auf das Speyerer Regierungsgebäude am 31. August 1921 lehnten die Linksparteien die Aufforderung zum Putsch des französischen Generals und Oberkontrolleurs für die Pfalz, Adalbert de Metz, gegen Bayern und das Deutsche Reich ab. Im Oktober 1923 schließlich brach die SPD die Bemühungen, ein von Bayern unabhängiges Land »Pfalz« zu schaffen, ab. Frankreich wollte einer Abtrennung von Bayern nur dann zustimmen, wenn die Pfalz auch vom Deutschen Reich abgetrennt würde.

Wirtschaftliche Not und Arbeitslosigkeit erhöhten die Spannungen. Mitte November 1923, im Jahr der höchsten Inflation, musste die Speyerer Stadtverwaltung – wie viele andere Kommunen – Notgeld herausgeben. Die Zahl der Arbeitslosen stieg von rund 2500 Mitte Oktober des Jahres auf rund 4560 im November an. Das Ringen um eine eigenständige Pfalz erreichte seinen Höhepunkt: Bewaffnete Separatisten besetzten am Morgen des 10. November 1923 Post, Rathaus und Regierungsgebäude und riefen zwei Tage später die »Autonome Regierung« aus. Ihr Anführer war Franz Josef Heinz aus Orbis, der am Abend des 9. Januar 1924, also bereits zwei Monate später, im »Wittelsbacher Hof« mit zwei seiner »Minister« erschossen wurde. Damit war die Separatistenherrschaft in Speyer endgültig zusammengebrochen.

Als im Sommer 1924 in Frankreich die Regierung wechselte und General de Metz aus Speyer abberufen wurde, entspannte sich die Situation etwas. Am 27. Mai 1930 verließen die französischen Truppen und am 24. Juni die Gendarmerie die Stadt Speyer. In der Nacht vom 30. Juni auf den 1. Juli zog eine Abteilung der bayerischen Schutzpolizei in die Stadt ein.

Die Jahre 1929 und 1930 brachten der Stadtbevölkerung aber auch besondere Höhepunkte: Vom 19. bis 21. Mai 1929

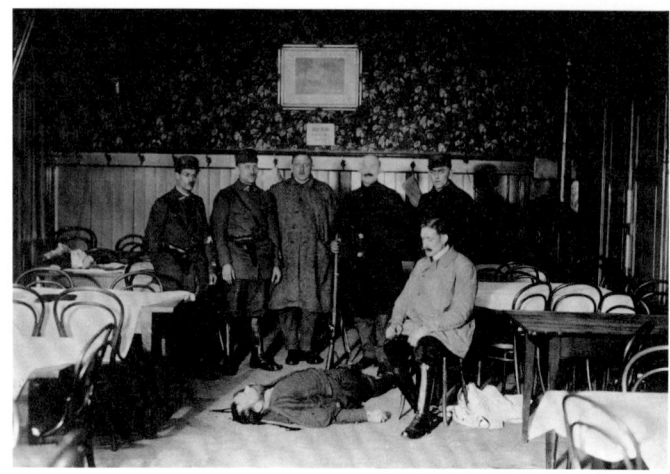

Nach dem Attentat im Wittelsbacher Hof: Separatistenführer Franz Josef Heinz liegt tot am Boden.

stand Speyer ganz im Zeichen der 400-Jahr-Feier der Protestation von 1529. Mehr als 120.000 Menschen kamen zu dieser
Großveranstaltung der Pfälzer Protestanten. Den Auftakt bildete
ein Festgottesdienst am Pfingstsonntag in der Gedächtniskirche, zu dem Gäste aus dem In- und Ausland eingeladen waren.
Am Pfingstmontag waren 46 Sonderzüge im Einsatz. In allen
protestantischen Kirchen der Stadt fanden Festgottesdienste
statt und, da die Räume nicht ausreichten, auch im Freien auf
dem Turnplatz, dem heutigen Rheinstadion, und hinter der
Dreifaltigkeitskirche. Mit dem mittäglichen Festzug durch die
Stadt erreichten die Feierlichkeiten schließlich ihren Höhepunkt. Er führte den Zuschauern besonders den Einzug der
Stände, der Fürsten und Vertreter der Städte zum Reichstag von
1529 in historisch getreuen Kostümen vor Augen. Auf einer
Bühne, die auf dem Festplatz aufgebaut war, wurden anschließend die wesentlichen Etappen der Reformation in drei Szenen
nachgestellt: Luthers »Thesenanschlag« am 31. Oktober 1517 in
Wittenberg, sein Auftreten auf dem Wormser Reichstag 1521
und die Protestation von Speyer 1529. Dabei wirkten 3500
Sängerinnen und Sänger sowie 500 Bläser mit. Am Pfingst-

dienstag, dem 21. Mai, klangen die Feierlichkeiten mit einem Festakt in der Gedächtniskirche aus.

Am 19. Juli 1930 besuchte Reichspräsident Paul von Hindenburg Speyer. Zudem fiel in diese Julitage auch die 900-Jahr-Feier der Grundsteinlegung des Domes. Zahlreiche hohe kirchliche und weltliche Würdenträger sowie zahlreiche Gläubige versammelten sich in der Stadt. Papst Pius XI. schenkte aus diesem Anlass dem Dom eine Nachbildung des mittelalterlichen Gnadenbildes, das in der Französischen Revolution zerstört worden war. Die Kirchenmusik wurde durch die »Speyerer Domfestmesse« von Joseph Haas bereichert, die am 13. Juli 1930 uraufgeführt wurde. Die einzelnen Partien der Messe gehörten viele Jahre zu den beliebtesten liturgischen Volksgesängen in ganz Deutschland, und ihr Text wurde in mehr als 20 Sprachen übersetzt.

Von 1923 bis 1931 unterrichtete die im Fach Philosophie promovierte Edith Stein am Lehrerinnenseminar und am Mädchenlyzeum des Klosters St. Magdalena in Speyer. Daneben widmete sie sich weiteren philosophischen Studien und einer ausgedehnten Vortragstätigkeit auf dem Gebiet der katholischen Frauenbildung.

EDITH STEIN

Edith Stein wurde am 12. Oktober 1891 als jüngstes Kind einer jüdischen Familie in Breslau geboren. Seit ihrer Studienzeit war sie zunächst Atheistin, doch nach Jahren einer von tiefer Wahrheitssuche geleiteten wissenschaftlichen Beschäftigung mit der Philosophie ihrer Zeit (Phänomenologie) fand sie 1921 den Zugang zum katholischen Glauben. Am 1. Januar 1922 ließ sie sich in Bergzabern taufen, am 2. Februar desselben Jahres in Speyer firmen.

Ihrer Berufung zum beschaulichen Leben folgte sie 1934 durch den Eintritt in den Karmel zu Köln, wobei sie den Ordensnamen Teresia Benedicta a Cruce annahm. Die Judenverfolgung in Deutschland zwang sie Ende 1938 dazu, nach Holland in den Karmel zu Echt auszuweichen. Hier entstand ihr letztes, erst posthum erschienenes Werk »Kreuzeswissenschaft«. Als katholische Jüdin Anfang August 1942 von der deutschen Besatzungsmacht

BIOGRAFIE //////////

verhaftet, wurde sie, zusammen mit ihrer Schwester Rosa, am 9. August 1942 im Konzentrationslager Auschwitz ermordet. Papst Johannes Paul II. sprach sie am 1. Mai 1987 in Köln selig. Aus diesem Anlass kam er am 4. Mai 1987 auch nach Speyer, wo Edith Stein die ersten Jahre nach ihrer Bekehrung gelebt und gewirkt hatte. Am 11. Oktober 1998 wurde sie heiliggesprochen. Das Bistum Speyer feierte die Kanonisation dieser bedeutenden Frau mit einem großen Edith-Stein-Fest. Die 1994 gegründete Edith-Stein-Gesellschaft Deutschland hat ihren Sitz in Speyer.

Die jüdische Gemeinde

Die jüdische Gemeinde war seit dem Beginn des 19. Jahrhunderts stark angewachsen: 1818 lebten in Speyer 80 Juden, 1824 bereits 190. 1841 waren es 301; 1880 erreichte die Gemeinde mit 538 Mitgliedern ihren höchsten Stand. Am 11. Januar 1819 wurde der erste Bauplan für eine Synagoge beim königlichen Landkommissariat eingereicht, doch dauerte es bis zum Baubeginn noch recht lange: Nachdem die Ruine der St. Jakobuskirche erworben war, erhielt der Architekt August von Voit (1801–1870) den Auftrag, den Kirchenbau zur Synagoge mit Frauenbad und Schule umzubauen. Er änderte jedoch 1836 im Einverständnis mit der jüdischen Gemeinde den Plan. Die Kirchenruine wurde beseitigt und die Synagoge nach der am 10. Mai 1836 erfolgten Genehmigung der Obersten Baubehörde in München erbaut. Am 24. November 1837 konnte die Synagoge an der Jakobsgasse (seit 1889 Heydenreichstraße) eingeweiht werden.

Der ursprüngliche Bau umfasste nur den breitgelagerten Ostteil. 1861 wurde die Synagoge nach Plänen von Max von Siebert nach Westen erweitert. Die Einweihung erfolgte am 27. April 1866. Nachdem die jüdische Gemeinde die an der Nordseite der Synagoge gelegene Heydenreichsche Scheuer erworben hatte, schuf Heinrich Jester 1891 Umbaupläne, die an der neuen freiliegenden Nordseite Fenster und eine Neugestaltung der Westfassade vorsahen. Die Fotografien, die von der Synagoge vorhanden sind, zeigen das Gebäude lediglich nach den Umgestaltungen und Erweiterungen.

**Edith Stein – Fotografie
von 1930.**

Die Juden waren staats- und königstreu. Während der Einweihung im Jahr 1837 nahm der Bezirksrabbiner eine Gesetzesrolle aus der Lade und betete »für Seine Majestät den König, Ihre Majestät die Königin, das Königliche Haus und die königliche Regierung«.

Unterm Hakenkreuz

Die nationalsozialistische Ära

Im Jahr 1933 gab es in Speyer 2234 Arbeitslose; mit ihren Familien waren es etwa 5400 Menschen – und damit rund 20 % der Bevölkerung –, die von Unterstützungen lebten. Die angespannten Verhältnisse trugen zum politischen Umschwung bei. Als Adolf Hitler am 30. Januar 1933 zum Reichskanzler ernannt wurde, feierten auch die Speyerer Nationalsozialisten – wie überall in Deutschland – seinen Sieg mit einem Fackelzug. 400 Speyerer Fackelträger traten mit zweitägiger Verspätung – erst am 1. Februar – den Marsch durch die Maximilianstraße an. Damals waren im Speyerer Stadtrat noch acht Parteien und Gruppen vertreten.

Die Speyerer NSDAP erzielte ihr bestes Ergebnis bei der letzten einigermaßen freien Reichstagswahl am 5. März 1933 mit 30,2 %. Trotzdem waren die NSDAP-Ortsgruppe und die Gauleitung in ihren Erwartungen enttäuscht, denn in der Pfalz konnte die Partei insgesamt 46,5 % erreichen. Nach dem Ergebnis der Reichstagswahl waren die Mandate für die Speyerer Stadtparteien – führend waren dabei die SPD und die Bayerische Volkspartei (BVP) – zwar noch in der Mehrheit, doch im August 1933 waren im Stadtrat nur noch Nationalsozialisten vertreten.

In der Sitzung des neuen Stadtrats am 27. April 1933 nannte Oberbürgermeister Karl Leiling Hitlers Machtübernahme eine »Zeitenwende«. An diesem Tag wurde Paul von Hindenburg (1847-1934) zusammen mit Adolf Hitler und dem in Ludwigshafen geborenen bayerischen Ministerpräsidenten Ludwig Siebert (1874-1942) wegen »seiner außerordentlichen Verdienste um Volk und Vaterland« zum Ehrenbürger ernannt. Diese Würde wurde den beiden Letztgenannten auf Beschluss des Speyerer Stadtrats im Juni 1946 aberkannt.

Als Leiling die Ausschaltung der demokratischen Parteien im Rathaus miterlebte, war er bereits 14 Jahren Stadtoberhaupt (seit 1919 als Bürgermeister, ab 1923 als Oberbürgermeister). Unmittelbar nach dem Ersten Weltkrieg hatte der frühere Speyerer Amtsrichter und gerade zum Zweiten Staatsanwalt beim Landgericht Frankenthal berufene Leiling die Amtsgeschäfte im Rathaus übernommen. In diesen Notjahren machte er sich um die Stadt verdient: Er besorgte Arbeit, auch wenn sie manchmal nur mit Notgroschen bezahlt werden konnte, betrieb die Kanalisierung sowie den Ausbau der Straßen, denn bei seinem Amtsantritt war nur ein Drittel der Straßen gepflastert. Es erfolgte der Bau der Friedhofshalle, die Anlage des Neuen Hafens – »als Maßnahme der produktiven Erwerbsfürsorge«, wie er schrieb. Es gelang ihm auch, dass das rechtsrheinische Fort der Festung Germersheim abgerissen wurde, was dazu führte, dass zwei Jahre lang bis zu 700 Speyerer Arbeitslose beschäftigt werden konnten. Die Steine ließ Leiling mit Nachen, kleinen Booten, an das Speyerer Ufer transportieren; sie wurden bei der Befestigung der Hafenböschung und im Wohnungsbau verwendet. Die Arbeitsbeschaffungsmaßnahme war dringend notwendig, denn die Schließung der Flugzeugwerke hatte 2800 Arbeiter brotlos gemacht.

Während der NS-Zeit gelang es Leiling, der seit 1938 der NSDAP angehörte, ohne einen Aufnahmeantrag gestellt zu haben, bis 1943 im Amt zu bleiben und mit der Einweihung der ersten festen Rheinbrücke der Speyerer Geschichte einen enormen Erfolg zu verbuchen. Die Verbrechen der Nationalsozialisten konnte er jedoch nicht verhindern. So gab es beispielsweise im städtischen Stiftungskrankenhaus Zwangssterilisationen.

1937 wurden die geistlichen Einrichtungen, vor allem die Schulen, enteignet. Vom Krieg wurde Speyer mangels bedeutender industrieller Einrichtungen weitgehend verschont. Eine der wenigen Bomben traf die Parteizentrale der NSDAP, »Braunes Haus« genannt (Maximilianstraße 99, heute Sozialamt).

Zerstörung der Synagoge und Auslöschen der jüdischen Gemeinde

1933 lebten 269 jüdische Personen in Speyer. Bis 1936 verließen 84 von ihnen die Stadt, weitere 30 im Folgejahr. Am 28. November 1937 beging die jüdische Gemeinde das 100-jährige Bestehen ihrer Synagoge, doch zeigten die Feierlichkeiten sehr deutlich die Angst vor der Zukunft. Zu offensichtlich waren die Verfolgungsmaßnahmen und die Demütigungen. Nur ein knappes Jahr später, in der berüchtigten Reichspogromnacht, euphemistisch als »Reichskristallnacht« bezeichnet, vom 9. auf den 10. November 1938 wurde die gerade 101 Jahre alte neuzeitliche Synagoge angezündet und – ebenso wie zahlreiche jüdische Geschäfte in der Maximilianstraße – zerstört. Der jüdische Friedhof wurde geschändet. Aus der Synagoge gerettete Gegenstände wurden im Anwesen Herdstraße 3 untergebracht, in dem auch ein Gebetsraum eingerichtet wurde.

Die brennende Synagoge in Speyer am Morgen des 10. November 1938.

Von den 60 im Oktober 1940 noch in Speyer lebenden jüdischen Personen wurden 51 am 22. des Monats nach Gurs in Südfrankreich deportiert, wohin Juden aus Baden, der Pfalz und dem Saargebiet in großer Zahl verbracht wurden. Nur wenige überlebten das Lager. Viele wurden von Südfrankreich nach Auschwitz gebracht. Danach gab es in Speyer keine jüdische Gemeinde mehr. Die letzten noch verbliebenen Juden wurden 1942 deportiert. Berthold Böttigheimer überlebte als einer der wenigen in der Stadt, versteckt in den Kellern verschiedener Familien. Bis zu seinem Tod im Jahr 1980 blieb er in Speyer.

Vom Neuanfang nach dem Zweiten Weltkrieg bis in die Gegenwart

Politische Parteien

Mit der Eroberung der Stadt durch amerikanische Truppen am 24. März 1945 gingen in Speyer und der Pfalz die nationalsozialistische Herrschaft und der Zweite Weltkrieg zu Ende. Trotz ihrer Grenzlage zu Frankreich hatte die Stadt den Krieg ohne größere Zerstörungen überstanden. Am Karfreitag, dem 30. März, wurde Speyer mit der Pfalz als Besatzungszone an Frankreich übergeben und 1947 als kreisfreie Stadt (seit 1946) Teil des auf französische Initiative hin gegründeten Bundeslandes Rheinland Pfalz. In die französische Besatzungszone und damit nach Speyer kamen Vertriebene und Flüchtlinge aus den verlorenen deutschen Ostgebieten erst ab 1949, als das Land ein Teil der Bundesrepublik Deutschland geworden war und ein Anschluss an Frankreich nicht mehr zur Debatte stand.

Bald nach Kriegsende wurden demokratische Parteien neu- bzw. wieder gegründet: Die SPD formte sich am 16. Februar 1946 neu, die CDU wurde am 5. März von der Besatzungsmacht genehmigt, und als liberale Partei (heute FDP) gründete sich 1948 die Demokratische Partei (DP). Im Stadtrat, der bis 1964 aus 31 Sitzen bestand, bis 1974 aus 37, ab 1995 aus 43 und nunmehr aus 44 Sitzen besteht, war die SPD stets stärkste Partei, bis sie 1969 in dieser Rolle (mit einer Pause von 1974 bis 1979) von der CDU abgelöst wurde. Bis 1956 hatte die KPD Sitze im Rat, ab 1956 waren verschiedene Wählergruppen nacheinander vertreten. Die Grünen haben seit 1984 Sitz und Stimme. Seit der jüngsten Stadtratswahl 2019 ergibt sich folgende Sitzverteilung: CDU 11, SPD 10, B 90/Grüne 9, Speyerer Wählergruppe 4, AfD 4, FDP 2, Die Linke 2, Bürgergemeinschaft Speyer 1, Wählergruppe Schneider 1.

Regiert wurde die Stadt von 1949 bis 1969 von Dr. Paulus Skopp (SPD), dem Dr. Christian Roßkopf (SPD) folgte. 1994

konnte die Bevölkerung erstmals einen Bürgermeister in Ur-
wahl bestimmen. Im ersten Wahlgang entschied sie sich
dabei für Werner Schineller (CDU), der das Amt bis 2010
innehatte. Ihm folgte als Stadtoberhaupt 2011 Hansjörg Eger
(CDU). Seit 2019 ist Stefanie Seiler (SPD) Oberbürgermeiste-
rin der Stadt.

Bevölkerungswachstum

1949 nahmen in Speyer 2270, im folgenden Jahr 1400 und bis
Anfang der 1960er-Jahre weiterhin jeweils einige Hundert
Heimatvertriebene ihren Wohnsitz. Damals entstand im Westen der Stadt zwischen Dudenhofer Straße und Woogbach ein
neues Wohngebiet, in dem die Gemeinnützige Wohnungsbau-
und Siedlungs-GmbH eine der größten Kriegsopfersiedlungen
der Bundesrepublik errichteten. Die beiden später in Speyer-
West errichteten katholischen Kirchen erhielten im Hinblick
auf die verlorene Heimat der neuen Stadtbürger die Namen
St. Hedwig (Patronin Schlesiens) und St. Otto (Apostel Pom-
merns, aber auch einer der Architekten des Speyerer Domes).
An der Stelle der 1934 erbauten alten St.-Konrads-Kirche in
Speyer-Nord wurde 1969 eine neue, größere Kirche mit demselben Patrozinium errichtet.

1954 wurde in unmittelbarer Nähe zum alten St.-Guido-
Stift die Friedenskirche St. Bernhard fertiggestellt. Sie ist nach
dem berühmten Zisterziensermönch Bernhard von Clairvaux,
der am Weihnachtstag 1147 auch im Dom zu Speyer gepredigt
hatte, benannt. Geweiht wurde die Kirche von dem ehemaligen, in der Stadt hoch verehrten Bischof und damaligen Erzbischof von München und Freising, Joseph Kardinal Wendel. Bei
der Grundsteinlegung 1953 der von deutschen und französischen Katholiken gemeinsam finanzierten Kirche durch Bischof Isidor Markus Emanuel waren Bundeskanzler Konrad
Adenauer und der französische Staatspräsident Charles de
Gaulle sowie der ehemalige französische Außenminister (bis
Januar 1953) Robert Schuman anwesend. Als Zeichen der
deutsch-französischen Freundschaft folgte 1959 die Städtepart-

nerschaft mit Chartres, nachdem Speyer bereits 1956 seine erste mit Spalding in England geschlossen hatte.

An evangelischen Kirchenneubauten entstanden die Christuskirche in Speyer-Nord (1962–1964), die Johanneskirche in Speyer-West (1982) sowie das Gemeindezentrum im Neuland (1975), dessen Pfarrei nach dem Neubau eines Sakralgebäudes 2002 umbenannt wurde in Protestantische Auferstehungskirchengemeinde.

Auch als der Zuzug von Heimatvertriebenen allmählich endete, wuchs die Stadt weiter. Sie überschritt 1964 die 40.000er-Marke. Obwohl günstigere Baulandpreise in den Nachbargemeinden viele Menschen ins Umland lockten, zählte sie um die Jahrtausendwende über 50.000 Einwohner. Die Stadtteile vergrößerten sich, besonders das von den Speyerern »Siedlung« genannte Speyer-Nord, oder entstanden neu, wie in den 1960er-Jahren die Wohngebiete »Am Rosensteiner Hang« und »Im Oberkämmerer« sowie in den 1980er-Jahren dasjenige »Im Vogelgesang«, beide am Südrand der Stadt. Zuzug seit den 1960er-Jahren erfolgte auch aus Italien, seit den 70er-Jahren aus der Türkei. Seit den 80er-Jahren kamen Spätaussiedler aus der damaligen Sowjetunion nach Speyer. Auch islamische Gemeinschaften gibt es hier sowie zwei neue jüdische Gemeinden seit 1996. Die Türkisch-Islamische Gemeinde errichtete in den Jahren 2011 und 2012 im Stadtnorden die Fatih-Moschee Speyer.

Schul- und Bildungszentrum der Pfalz

Zu den die Stadt stark prägenden Elementen zählte nach dem Zweiten Weltkrieg die Speyerer Schullandschaft. In den neuen Stadtteilen entstanden die Grund- und Hauptschule Siedlungsschule (Einweihung der neuen Gebäude 1954 bzw. 1972), die Grundschule Woogbachschule (1971) und die Hauptschule Burgfeldschule (1967), alle – wie schon die ältere Roßmarktschule und die Klosterschule – gemäß Speyerer Tradition über die Stadt verteilt und nach ihrer geographischen Lage benannt.

An den Rändern der Stadt dagegen wurden alte und neue Gymnasien angesiedelt, nämlich das ehemalige Mädchengymnasium, ab 1967 als Hans-Purrmann-Gymnasium nach dem bedeutendsten Speyerer Maler des 20. Jahrhunderts benannt, und das vom humanistischen Gymnasium abgespaltene Friedrich-Magnus-Schwerd-Gymnasium, benannt nach dem Mathematiker und Physiker, der im 19. Jahrhundert am humanistischen Gymnasium unterrichtet hatte.

Auch die innerstädtische Hauptschule, zunächst in der Zeppelinschule untergebracht, sowie die neben dem Amtsgericht angesiedelte, 1966 wieder begründete Staatliche Realschule erhielten 1983 einen Neubau am Ostrand der Stadt, der nach dem Speyerer Paulskirche-Abgeordneten, Journalisten und Schriftsteller Georg Friedrich Kolb (1808–1884) den Namen Georg-Friedrich-Kolb-Schulzentrum erhielt. Das Mädchengymnasium der Dominikanerinnen von St. Magdalena, dem ältesten noch bestehenden Kloster Speyers und der Pfalz, und die dazugehörige Realschule wurden 1957 nach der Philosophin und Karmelitin Dr. Edith Stein benannt, die von 1923 bis 1931 in Speyer unterrichtet hatte (s. Kasten S. 115f.).

Mit dem Nikolaus-von-Weis-Aufbau-Gymnasium erhielt die Stadt 1953 eine weitere bedeutende katholische Bildungseinrichtung. Zwei Förderschulen befinden sich, wie die meisten Gymnasien, im Westen der Stadt. An den Schülerzahlen der weiterführenden Schulen ist die Bedeutung Speyers für das gesamte Umland, auch für das rechtsrheinische – selbst nach Einrechnung der Tatsache, dass die weiterführenden Schulen mehr Schuljahre umfassen –, zu erkennen: Den 1721 Grundschüler/innen im Schuljahr 20018/19 stehen 5983 Haupt-, Real- und Gymnasialschüler/innen gegenüber. Die Berufsbildende Schule, die bereits auf eine alte Tradition in Speyer aufbaut, erhielt ein Schulgebäude gegenüber der Landesversicherungsanstalt und wurde nach dem Erfinder Johann Joachim Becher benannt (s. Kasten S. 67). An der Johann-Joachim-Becher-Schule angesiedelt ist das Wirtschaftsgymnasium, das als gymnasiale Oberstufe mit berufsbezogenen Bildungsangeboten zur Allgemeinen Hochschulreife führt.

Von überregionaler Bedeutung, ja von bundesweitem Rang ist die 1949 gegründete Deutsche Hochschule für Verwaltungswissenschaften, in der Verwaltungsjuristen aus allen Bundesländern nach dem ersten Staatsexamen eine besondere Weiterbildung erhalten. Seit 1960 ist die Schule in einem Neubau des bekannten Architekten Sep Ruf untergebracht; sie führt und führte sowohl unter ihren Studierenden als auch unter ihren Lehrenden Personen höchsten Ranges für einige Zeit nach Speyer. Roman Herzog fühlte sich aufgrund seiner früheren Lehrtätigkeit der Stadt so stark verbunden, dass er den Abschluss seiner Amtszeit als Bundespräsident 1999 hier beging. Ebenso ist die Hochschule aber auch durch ihr ernsthaftes Bemühen um Verbesserung der Verwaltung und die sich daraus ergebenden kritischen Stimmen bundesweit bekannt. 2012 wurde sie in Deutsche Universität für Verwaltungswissenschaften Speyer umbenannt. Im selben Jahr begannen die Masterstudiengänge.

1957 entstand auf dem Gelände des frühmittelalterlichen Klosters St. German das Bischöfliche Priesterseminar, das mit seiner Bibliothek nicht nur den geistlichen Nachwuchs des Bistums bereichert. So entwickelten auch andere kulturelle Einrichtungen ihre prägende Rolle für die Stadt. Neben der Bibliothek des Priesterseminars stehen der Bevölkerung von Stadt und Umland die Pfälzische Landesbibliothek (gegründet in bayerischer Zeit 1921), die Bibliotheks- und Medienzentrale der Evangelischen Kirche der Pfalz und eine große Stadtbibliothek zur Verfügung. Diesen vier größeren Bibliotheken entsprechen das Archiv des Bistums Speyer (gegründet 1949), das Zentralarchiv der Evangelischen Kirche der Pfalz (gegründet 1930), das Landesarchiv Speyer (gegründet 1817 und in der Zwischenzeit mit verschiedenen Bezeichnungen versehen) sowie als Gedächtnis der Stadt das Stadtarchiv (Bestände ab 1182).

Museen

Das 1869 gegründete Historische Museum der Pfalz, seit 1909 in Sichtweite des Domes untergebracht, gehört seit den 1990er-

Jahren zu den bedeutenden deutschen Museen. Herausragende Ausstellungen waren diejenige zu den Saliern (1992) im Zusammenhang mit dem Stadtjubiläum sowie die über Europas Juden im Mittelalter (2003/04). Im Vorfeld der Salierausstellung wurde 1990 ein Erweiterungsbau im Süden angeschlossen. 2004 erfolgte die Überdachung des Innenhofes.

Als Museen eingerichtet wurden die Geburtshäuser der beiden bedeutendsten in Speyer geborenen Maler Anselm Feuerbach (Eröffnung 1975; s. Kasten S. 105) und Hans Marsilius Purrmann (Eröffnung 1990; s. Kasten S. 106). Das Hans Purrmann-Haus (Kleine Greifengasse 14) zeigt rund 70 Exponate des international bekannten Künstlers und, seit 2001, in einem eigenen Raum Werke seiner Ehefrau Mathilde Vollmoeller-Purrmann.

Im Judenhof/Museum SchPIRA in der Kleinen Pfaffengasse 20/21 wurde für drei bedeutende Speyerer jeweils ein Gedenkraum eingerichtet: Der eine ist dem Lyriker und Theaterschriftsteller Martin Greif (1839–1911) gewidmet. Teile seines schriftlichen Nachlasses und seines Mobiliars erinnern an den vor allem in München und Wien berühmt gewordenen Dichter. Der zweite Gedenkraum dokumentiert Leben und Wirken des Druckerei- und Verlagsbesitzers Dr. Eugen Jäger (1842–1926). Er engagierte sich jahrzehntelang als Parlamentarier und politischer Publizist für eine Verbesserung der wirtschaftlichen und sozialen Verhältnisse der Bevölkerung. Die dritte Gedenkstätte wurde 2005 Johann Joachim Becher (s. S. 67) gewidmet. Im gleichen Jahr wurde im „Hohenfeldschen Haus" (Maximilianstraße 99), in dem einst Sophie de la Roche (1730–1807) einen literarischen Salon unterhielt, für die berühmte Schriftstellerin eine Gedenkstätte eingerichtet.

Das Technik-Museum (1993) am Flugplatz und das im Hafenbecken gelegene begehbare Aquarium Sea-Life (2003) vermitteln ihren Besuchern Einblicke in Technik und Naturwissenschaft. Im Fastnachtsmuseum im Wartturm an der Wormser Landstraße sind in vier Turmgeschossen Objekte des närrischen Treibens der Region ausgestellt.

Im Museum im Brückenhaus, dem ehemaligen Maut- und Verwaltungsgebäude der von 1865 bis 1938 bestehenden Schiffsbrücke, zeigt der Schiffbauer-, Schiffer- und Fischerverein Schiffsmodelle, Geräte und Dokumente des Schiffbaus, der

Rheinschifffahrt und der Fischerei in Speyer von den Anfängen bis zur Gegenwart.

Städtebauliche Akzente

Die Nachkriegszeit war von Aufbau und Umbauten geprägt. Die markantesten Zeichen dieser Bautätigkeit sind das Hochhaus der Landesversicherungsanstalt (jetzt Deutsche Rentenversicherung), das die Silhouette der Stadt seit 1956 mitprägt, und – nicht ganz so hoch, aber auch weithin sichtbar – das im Januar 1967 eingeweihte neue Krankenhaus der Evangelischen Diakonissenanstalt. Zu den vielen gelungenen architektonischen Schöpfungen, die von der Bevölkerung als Bereicherung empfunden wurden, zählt die Stadthalle von Otto Hannemann (1963). Daneben gab es in der damaligen Bauplanung aber auch einige Entscheidungen, die heute sicher nicht mehr getroffen oder sogar rückgängig gemacht würden. Grotesk mutet gar die Absicht einiger ehemaliger Stadtplaner an, das Altpörtel zugunsten eines besseren Verkehrsflusses abzureißen. Dies wurde durch eine Bürgerinitiative verhindert, wie auch später einige – heute als Schmuckstücke erkannte – Gebäude auf dieselbe Weise gerettet wurden, etwa die Villa Ecarius in der Bahnhofstraße (1892 erbaut, jetzt Sitz der Volkshochschule, der Stadtbücherei und der Musikschule) oder das Geburtshaus des Malers Anselm Feuerbach (heute Galerie, Museum und Weinstube).

Im Innenstadtbereich wurden der Domvorplatz und die Maximilianstraße, der Postplatz, die Gilgenstraße und einige Teile der Altstadt neu gestaltet. Der 1989/1990 errichtete Dom-Pavillon (Dom-Besucherzentrum) wurde von dem renommierten Architekten Oswald Matthias Ungers (1926–2007) entworfen, auf dessen Gestaltung auch der gesamte Domplatz zurückgeht. Die Maximilianstraße wurde durch den international bekannten Architekten Gottfried Böhm (*1920) umgestaltet und hierdurch erheblich aufgewertet. Verschiedene Wohn- und Geschäftsbereiche wurden saniert, etwa der Fischmarkt und der Holzmarkt. Sorgfältig sowie mit mehr Nähe zum Menschen geplant und umgesetzt – vielleicht auch vor dem Hintergrund der Erfahrung der 1960er- und 1970er-Jahre – wurde die Konversion der durch den Abzug der französischen Garnison frei gewordenen Flächen. Auf dem Gelände der ehemaligen französischen Normand-Kaserne in Speyer-Süd entstanden ein Altenheim der Evangelischen Diakonissenanstalt mit betreutem Wohnen, das Haus der Vereine, das Haus der Jugendförderung, Wohnungen der Lebenshilfe e. V. Speyer-Schifferstadt sowie Wohnungen in verschiedener Preislage und Größe.

Auch andere Neugestaltungen zeigen mehr Respekt vor gewachsenen Gebäudeensembles, wie etwa der Kulturhof Flachsgasse (2001) und der Verwaltungsbau der Evangelischen Kirche der Pfalz neben der ehemaligen Roßmarktschule (Architekt Wolfgang Ihm, 1997). Mit den Baumaßnahmen in der Innenstadt waren in der Regel Ausgrabungen verbunden, die über die römische und mittelalterliche Geschichte der Stadt bedeutende Erkenntnisse brachten. Dies war der Fall beim Abriss des Schulzentrums am heutigen Willy-Brandt-Platz, beim Neubau des Spitals (abgeschlossen 1980), bei der Neugestaltung des Fischmarktes, dem Neubau der Hauptstelle der Sparkasse (1982) oder bei der Neugestaltung des mittelalterlichen Judenhofes (2004).

Die Uferanlagen der Stadt waren von gewerblicher Nutzung geprägt. Mitte der 1990er-Jahre begann man im Bereich des Alten Hafens und der ehemaligen Erlus-Ziegelei mit dem Bau hochwertiger »Hafen-Villen«. Diese wurden in jüngster Zeit durch weitere Neubauten am Hafenkopf, die »Neuen Hafenvillen«, ergänzt.

Das denkmalgeschützte ehemalige Gebäude der Oberpostdirektion aus dem Jahr 1901, erweitert 1925, wurde bis 2002 von der Deutschen Post genutzt. Nach umfangreichen Umbaumaßnahmen wurde in den Räumlichkeiten im November 2012 ein modernes Einkaufszentrum eröffnet, die »Postgalerie«.

Erinnerung und Neuanfang: neue Synagoge und jüdische Gemeinde

Für die Stadt Speyer bedeutet es eine bleibende Aufgabe und Verpflichtung, sich an die jüdischen Mitbürgerinnen und Mitbürger zu erinnern, die Opfer des NS-Regimes geworden waren. In der Mauer im Hof der Mikwe wurde 1968 eine Gedenktafel zur Erinnerung an das Schicksal der jüdischen Gemeinde enthüllt. Zur Erinnerung an die 1938 zerstörte Synagoge in der Heydenreichstraße wurde 1978 an der rückwärtigen Wand des »Kaufhof«-Gebäudes, dem Platz der zerstörten Synagoge, eine Gedenktafel mit folgender Inschrift angebracht: »Hier stand die Synagoge der Jüdischen Gemeinde Speyer bis zur Zerstörung durch die Nationalsozialisten in der Nacht vom 9. zum 10. November 1938.«

Direkt vor dieser Stelle wurde 1992 ein von dem Speyerer Künstler Wolf Spitzer gestaltetes zentrales Mahnmal für die Speyerer jüdischen Opfer des Nationalsozialismus errichtet und später auf den kleinen Platz gegenüber versetzt (Ecke Hellergasse/Karlsgasse, heute Heydenreichstraße). Die Bronzetafel trägt die Inschrift: »Zum Gedenken an die Ermordung der jüdischen Mitbürger in Vernichtungslagern des Naziregimes.« Die Inschrift wurde von dem 1933 aus Speyer in die USA emigrierten jüdischen Mitbürger Louis G. Metzger (Closter, New Jersey) formuliert und trägt seine Initialen »LGM«. Nach mehrjährigen intensiven Recherchen wurde im Juli 2005 an dem Mahnmal eine bronzene Bodenplatte mit den Namen der 71 jüdischen Opfer verlegt. 2007 kam eine ergänzende Platte mit weiteren 17 Namen hinzu.

In den Straßen Speyers wurden erstmals im Frühjahr 2018, dann im April 2019 sog. »Stolpersteine« verlegt, mit denen an die in der Zeit des Nationalsozialismus verfolgten, ermordeten, deportierten oder vertriebenen Menschen erinnert werden soll. Die jeweils vor der letzten selbstgewählten Wohnstätte der Verfolgten in den Bürgersteig eingelassenen Gedenksteine erinnern an Angehörige der Familien Matuszewski und Schultheis, Grünberg, Mühlhauser-Steigleiter, Scharff, Mayer, Cahn, und Altschüler.

Jüdische Emigranten aus verschiedenen Republiken der ehemaligen Sowjetunion riefen 1996 die neue Jüdische Gemeinde Speyer e. V. ins Leben. Seit Ende 1999 besitzt die Gemeinde auch wieder einen eigenen Friedhof.

Am 9. November 2008, dem 70. Jahrestag des Novemberpogroms, wurde in Speyer der Grundstein für ein neues jüdi-

Synagoge Beith-Schalom mit siebenarmigem Leuchter, der von dem
Speyerer Künstler Wolf Spitzer gefertigt wurde.

sches Gemeindezentrum auf dem Areal des ehemaligen St.-Guido-Stifts gelegt. Die neue Synagoge wurde von 2008 bis 2011 gemeinsam von der Jüdischen Kultusgemeinde der Rheinpfalz, dem Land Rheinland-Pfalz und der Stadt Speyer erbaut. Die feierliche Einweihung fand am 9. November 2011 statt in Anwesenheit des damaligen Bundespräsidenten Christan Wulff, des damaligen Ministerpräsidenten von Rheinland-Pfalz Kurt Beck, des damaligen Oberbürgermeisters Hansjörg Eger, des Präsidenten der Konferenz Europäischer Rabbiner Pinchas Goldschmidt, des Bischofs von Speyer Karl-Heinz Wiesemann und des Kirchenpräsidenten der Evangelischen Kirche der Pfalz Christian Schad sowie weiterer Ehrengäste. Die neue Synagoge »Beith-Schalom« (»Haus des Friedens«), die 140 Gläubigen Platz bietet, steht in der Trägerschaft der ca. 600 Mitglieder zählenden Jüdischen Kultusgemeinde der Rheinpfalz, die ihren Hauptsitz von Neustadt nach Speyer verlegt hat.

Der ellipsenförmige Sakralraum ist ein Neubau, der schräg auf das östliche Fundament der alten Hallenkirche aufgesetzt wurde. Das jüdische Gemeindezentrum mit Versammlungs- und Seminarräumen, Büros sowie einer Übernachtungsgelegenheit für den Rabbiner greift auf sanierte und neu gegliederte Teile der ehemaligen Kirche St. Guido zurück. Die Baukosten für den Synagogen-Komplex in Höhe von 3,5 Mio. Euro wurden von der Jüdischen Gemeinde, dem Land Rheinland-Pfalz und der Stadt Speyer getragen. Sechs Jahre nach der Einweihung konnte die Jüdische Kultusgemeinde der Rheinpfalz in Speyer eine neue Torarolle in Dienst nehmen.

Im Mittelalter schlossen die jüdischen Gemeinden in Speyer, Worms und Mainz einen Verbund, der Architektur, Kunst, Religion und Rechtsprechung der mittel- und osteuropäischen jüdischen Diaspora stark prägte und noch bis heute prägt. Dieser Verbund erhielt den Namen SchUM – ein Akronym, das aus den Anfangsbuchstaben der mittelalterlichen hebräischen Namen der Städte Speyer (Sch für Schpira), Worms (U für Warmaisa) und Mainz (M für Magenza) gebildet wurde.

Das jüdische Erbe in diesen drei SchUM-Städten am Rhein ist einzigartig und ein lebendiger Bestandteil des aschkenasischen (= mittel, nord- und osteuropäischen) Judentums. In Speyer zählen zu diesem Erbe das Ensemble »Judenhof« mit der Mikwe, dem ältesten noch vollständig erhaltenen jüdischen Ritualbad in Deutschland, der Synagoge, der Frauenschul, dem Synagogenhof und der Jeschiwa, dem Lehrhaus. 1998/99 wurde die Ruine des mittelalterlichen Synagogenkomplexes freigelegt. Der »Judenhof« wurde 1998/99 zu einem Zentrum der Archäologie umgestaltet. Verwaltet wird er vom Verkehrsverein Speyer. Zum »Judenhof« gehört auch das am 9. November 2010 eröffnete Museum SchPIRA mit archäologischen Funden aus dem jüdischen Leben des mittelalterlichen Speyer. Die 2014 von dem Speyerer Künstler Wolf Spitzer geschaffene Bronzeplastik »Die Weisen von Speyer« im Innenhof des Museums erinnert an die große Zeit jüdischer Gelehrsamkeit. Im mittelalterlichen jüdischen Gemeindezentrum kamen einst die Weisen der Stadt zusammen, um zu beten, zu lehren und zu lernen, aber auch zum Schreiben oder um Gericht zu halten. Den Dialog zwischen zwei Gelehrten hat der Künstler dargestellt.

Um dem SchUM-Erbe weltweit Anerkennung zu ermöglichen, bemüht sich seit 2004 das Land Rheinland-Pfalz gemeinsam mit den drei Städten und den jüdischen Gemeinden in Mainz und Speyer sowie dem Landesverband der Jüdischen Gemeinden Rheinland-Pfalz, dass die SchUM-Städte zum UNESCO-Welterbe ernannt werden. Im Juni 2012 wurde in Mainz eine Kooperationsvereinbarung als Grundlage für eine entsprechende Bewerbung unterzeichnet. 2020 wird das Land Rheinland-Pfalz über das Auswärtige Amt dem Welterbekomitee das Nominierungsdossier samt Managementplan übermitteln. Die Entscheidung der UNESCO wird 2021 fallen.

Behörden und Militär

In Speyer haben zahlreiche Verwaltungseinrichtungen, regional und überregional wichtige Behörden und Institutionen, ihren Sitz. In diesem Zusammenhang sind zu nennen: die Landesversicherungsanstalt Rheinland-Pfalz, der Landes-

rechnungshof, das Landessozialgericht sowie die landwirtschaftliche Sozialversicherung Hessen, Rheinland-Pfalz und Saarland. Der Rechnungshof des Landes Rheinland-Pfalz, 1947 gegründet, wurde bewusst mit räumlicher Distanz zur Landeshauptstadt Mainz als äußeres Zeichen seiner Unabhängigkeit in Speyer angesiedelt. Ein neueres Gebäude befindet sich in Speyer-West. Trotz der 1953 erfolgten Umwandlung des Oberversicherungsamtes in das Sozialgericht blieb sein Sitz weiterhin in Speyer; seit 1971 befindet es sich in der Schubertstraße.

Das französische Regiment Du Génie war bis 1997 in der Normand-Kaserne in Speyer-Süd und auf dem Lyautey-Gelände (so benannt nach einem französischen Marschall) in Speyer-Nordwest untergebracht. Das französische Militär hat rund 50 Jahre das Leben in der Stadt entscheidend mitgeprägt. Die Normand-Kaserne war bis 1997 in Betrieb und wurde nach Abzug der französischen Streitkräfte geschlossen. 1998 erwarb die Stadt das Areal. Nach der Sanierung des Geländes von militärischen Altlasten entstanden in dem denkmalgeschützten Ensemble »Quartier Normand« moderne Stadthäuser und Grünflächen. Das Lyautey-Gelände wurde umgewandelt in das »Gewerbegebiet Lyautey« und vollständig bebaut. Die ehemalige Militärfläche am Flugplatz wurde vom Technik-Museum übernommen.

In der Kurpfalz-Kaserne in Speyer-Nord waren seit 1963 – gemäß der bayerischen Tradition seit 1884 – wieder Pioniere der Bundeswehr stationiert. Im Zuge der Neuausrichtung der Bundeswehr wurde das Spezialpionierbataillon 464 zum Ende des Jahres 2015 aufgelöst. Am 25. Juni verabschiedeten sich rund 350 Soldaten im Rahmen einer feierlichen Zeremonie auf dem Domplatz aus der Stadt. Damit endete die über 200-jährige Geschichte Speyers als Garnisonstadt. Das Gelände der Kurpfalzkaserne erhielt eine neue Bestimmung: Das Land Rheinland-Pfalz betreibt hier nun eine Erstaufnahmeeinrichtung für Asylsuchende.

Wirtschaftsstandort

Seit dem Zweiten Weltkrieg entwickelt sich die Speyerer Wirtschaft stetig weiter. Die Stadt weist ein über dem Landesdurchschnitt liegendes Wirtschafts- und Kaufpotential auf. Sie ist Teil des Wirtschaftsraums der Metropolregion Rhein-Neckar. Dank seiner Infrastruktur ist Speyer ein attraktiver Standort in zentraler Lage. Autobahn- und Bahnanschlüsse, zwei Rheinhäfen, ein Öl- und ein Werfthafen sowie der Flugplatz sind die bedeutendsten Standortvorteile der Stadt. Fast 2000 Unternehmen mit mehr als 23.000 Beschäftigten haben hier ihren Sitz, vor allem Klein- und Mittelbetriebe sind vorherrschend, insbesondere aus Verpackungs- und Filterindustrie, Isolierherstellung sowie Anlagen- und Apparatebau. 80 % aller Betriebe beschäftigen weniger als zehn Mitarbeiter, 20 % mehr als zehn.

Ungefähr 25 % aller Arbeitsplätze in Speyer umfassen den Bereich des verarbeitenden Gewerbes; dazu zählen Stahl-, Maschinen- und Fahrzeugbau, die Elektro- und Feinmechanik sowie das Holz- und Papiergewerbe. Dabei sind die Großbetriebe

STADT OHNE RASSISMUS – STADT MIT COURAGE

Als erste Stadt in Rheinland-Pfalz erhielt Speyer am 1. Oktober 2015 die Auszeichnung »Stadt ohne Rassismus – Stadt mit Courage«. Seit der Auftaktveranstaltung im Juni 2014 gelang es der von der Stadt und den Kirchen unterstützten Steuerungsgruppe, mit zahlreichen Initiativen und Aktionen weit über den schulischen Rahmen hinaus zum Abbau von Ängsten und Vorurteilen gegen Zuwanderung und gegen die Diskriminierung einzelner Bevölkerungsgruppen beizutragen. Die Auszeichnung ist Verpflichtung und Daueraufgabe zugleich.

Pfalz-Flugzeugwerke GmbH und Tyco-Electronics (vormals Siemens) führend, die jeweils ca. 900 Beschäftigte haben.

In allen Stadtteilen befinden sich Industriegebiete. Die bedeutendsten nicht-staatlichen Arbeitgeber sind die Diakonissen Speyer (bis 2008 Diakonissenanstalt Speyer-Mannheim) mit 2200 Beschäftigten, das Bischöfliche Ordinariat und der Caritasverband mit über 1000 Beschäftigten. Dann erst folgen die größeren Wirtschaftsunternehmen der Stadt, die sich breit gefächert auf verschiedene Branchen verteilen.

Ein Rückschlag war die Schließung des Salamander-Werks, eines Schuhproduzenten in Speyer-West, im Jahr 1975. 400 Beschäftigte, fast ausschließlich Frauen, wurden dabei entlassen. Auch im Druckgewerbe, einem in Speyer seit Jahrhunderten beheimateten Handwerk, mussten Betriebe geschlossen werden.

Die schwierige Anbindung der Stadt an das Schienenverkehrsnetz, eine Folge aus dem 19. Jahrhundert, verbesserte sich 2003 erheblich: Seit der Einführung der S-Bahn Rhein-Neckar fahren die Linien S 3 und S 4 ab Hauptbahnhof in einem Halbstundentakt in Richtung Mannheim. Somit ist der ICE-/IC-Knotenbahnhof Mannheim mit seinen sehr guten Fernverbindungen in weniger als einer halben Stunde zu erreichen. Ende 2006 wurde die S-Bahn über Speyer hinaus bis nach Germersheim verlängert.

Für den wirtschaftlichen Aufschwung spielte die Entwicklung des Straßenverkehrs eine entscheidende Rolle. Der Wieder-

aufbau der 1945 zerstörten Bahn-Straßen-Brücke als Straßen-
brücke über den Rhein, über die seit 1956 ständig Verkehr rollt,
leitete eine neue Phase der Speyerer Verkehrsentwicklung ein.
So musste auf Grund des starken Durchgangsverkehrs durch die
Innenstadt eine Umgehungsstraße gebaut werden, die im De-
zember 1972 dem Verkehr übergeben wurde. Gute Anbindun-
gen sind gegeben an die Autobahnen A 61 (Speyer–Koblenz),
A 5 (Basel–Frankfurt/M.) und A 6 (Saarbrücken–Mannheim)
sowie an die Bundesstraßen B 9 (Karlsruhe–Mainz) und B 39
(Neustadt–Heilbronn). Die zwei Speyerer Rheinbrücken, die
Bundesstraße 39 und die Bundesautobahn 61 verbinden das
Bundesland Rheinland-Pfalz mit Baden-Württemberg.

Leben am Rhein

Eine besondere Attraktion für die Speyerer war der zugefrorene Rhein im Jahr 1929. Man konnte damals vom 17. bis 24.
Februar ohne Bedenken über den Fluss gehen. Seit dem Zweiten Weltkrieg ist er zwar nicht noch einmal zugefroren, dafür
gab es 1955 eine große Überschwemmung, von der die gesamte Altstadt betroffen war. Als am 17. Januar gegen 16 Uhr
ein Pegelstand von 8,55 m erreicht war, rief Oberbürgermeister Paulus Skopp den Notstand aus. Die Rheinwiesen waren schnell überflutet, und das Hochwasser presste sich von
der Mündung des Speyerbachs aus in die Straßen des Hasen-
pfuhls. Mit Hilfe der Bevölkerung, der französischen und
amerikanischen Soldaten sowie der Feuerwehren aus der ganzen Pfalz konnte die gefährliche Situation gebannt werden.
Die Tag- und Nachtarbeit der französischen Pioniere sowie
der französischen Zivilverwaltung trug wesentlich zur Verbesserung des Verhältnisses zwischen Deutschen und Franzosen in der Stadt bei.

Bei den jüngsten Hochwassern des 21. Jahrhunderts bestand der neue Hochwasserschutz an der Speyerbachmündung
seine Bewährungsprobe. Der Speyerbach lief zwar voll, aber
dank der Pumpen nicht über. Die Rheinpromenade versank allerdings im auf etwas über 8 m angestiegenen Rhein.

Eine unvergessene Attraktion für die Speyerer war der zugefrorene Rhein im Jahr 1929, denn dies ermöglichte ein ganz besonderes Erlebnis: den Spaziergang zum badischen Ufer und zurück. Man konnte in jenem denkwürdigen Winter vom 16. bis zum 24. Februar ganz ohne Bedenken über den Rhein gehen.

Ab dem 31. März 1945 hatten alliierte Pioniere unterhalb der gesprengten Rheinbrücke mit dem Bau einer Pontonbrücke begonnen. Außerdem war Anfang 1946 ein Fährverkehr eingerichtet worden. Die Einweihung der neuen Rheinbrücke 1956, die Speyer mit Baden-Württemberg über den Rhein verbindet, gehört zu den bedeutendsten Ereignissen, die die Einwohner der Stadt in der Nachkriegszeit bewegten. Die inzwischen »Salierbrücke« genannte Rheinbrücke wird seit Januar 2019 umfassend saniert und ist für den Individualverkehr auf diesem Streckenabschnitt der B 39 über zwei Jahre nicht befahrbar.

Stadtjubiläum 1990 und Salierjahr 2011

Das 2000. Stadtjubiläum im Jahr 1990 wurde auch von den beiden Kirchenleitungen mitgetragen. Den Festkalender bereicherten sie durch eigene Veranstaltungen. Zum Höhepunkt der kirchlichen Jubiläumsbeiträge wurde die Feier des Pfingst-festes, die ganz auf den Europagedanken ausgerichtet war. Durch den wenige Monate zuvor erfolgten Fall der Berliner Mauer erhielt sie eine besondere Aktualität. Als Jubiläums-geschenk an das 2000-jährige Speyer übergab Bischof Anton Schlembach am 16. Juni 1990 der Stadt die Statue eines Ja-kobs-Pilgers. Die von dem Münchener Künstler Martin Mayer geschaffene 2,50 m große Bronzefigur in der Maximilianstraße erinnert daran, dass Speyer im Mittelalter Station an einer der großen Pilgerstraßen war, die zum Grab des Apostels Jakobus nach Santiago de Compostela in Nordspanien führte.

Drei bedeutende Jubiläen waren Anlass für den Veranstal-tungsreigen im Salierjahr 2011: 950 Jahre Domweihe, 900 Jah-re Kaiserkrönung Heinrichs V. und 900 Jahre Verleihung der Privilegien an die Speyerer Bürger. Bistum und Stadt sowie das Historische Museum der Pfalz würdigten diese Ereignisse mit vielfältigen kulturell-historischen und kirchlichen Veranstal-tungen.

Mit einem Festgottesdienst im Dom am 2. Oktober 2011 wurde an die Weihe der Kathedrale vor 950 Jahren erinnert. Wie immer bei bedeutenden Anlässen in der Stadt wurde an diesem Tag der Domnapf vor dem Domportal mit Pfälzer Wein gefüllt, der unentgeltlich ausgeschenkt wurde. Eröffnet wurden die kirchlichen Feiern im Salierjahr am Pfingstfest (12. Juni), und sie fanden ihren Höhepunkt am ersten Oktobersonntag, dem traditionellen Domweihfest. Die städtischen Feiern grup-pierten sich um das Datum des 900-jährigen Jubiläums der Pri-vilegienverleihung am 14. August. Unter anderem fanden ein Mittelaltermarkt, ein Bürgerfest im Rathauskomplex und ein eu-ropäisches Städtetreffen statt. Unter dem Motto »Macht Stadtluft noch frei?« loteten die Oberbürgermeister aus zwölf europäi-schen Mittelstädten, darunter auch die Partnerstädte Speyers, die Perspektiven europäischer Mittelstädte für die nächste Dekade aus. Diese große Konferenz im September wurde in Zusammen-arbeit mit der Deutschen Hochschule für Verwaltungswissen-schaften vorbereitet und abgehalten.

Als einen der kulturellen Höhepunkte präsentierte das His-torische Museum der Pfalz unter der Schirmherrschaft des damaligen Bundestagspräsidenten Professor Dr. Norbert Lammert vom 10. April bis zum 30. Oktober die große Ausstellung »Die Salier. Macht im Wandel«. Einzigartige Zeugnisse des salischen Kaisertums, wie prachtvolle Handschriften, wertvolle Goldschmiedearbeiten sowie archäologische Funde, gaben einen besonderen Einblick in das Leben der Menschen an der Wende vom 11. zum 12. Jahrhundert. Dabei wurde auch die Entwicklung der jüdischen Gemeinde im mittelalterlichen Speyer aufgezeigt. Eine zweite Ausstellung im selben Zeitraum und im selben Museum mit dem Thema »Des Kaisers letzte Kleider« war der Rettung und der Untersuchung der organischen Funde aus den Kaiser- und Königsgräbern im Speyerer Dom gewidmet.

Die beiden großen Kirchen: herausragende Ereignisse und Jubiläen

Für die Evangelische Kirche der Pfalz und für die Gedächtniskirchengemeinde war die Einholung neuer Kirchenglocken 1959 ein bedeutendes Ereignis: Die in der Karlsruher Glockengießerei Bachert für die Gedächtniskirche gefertigten Glocken tragen die Namen der Reformatoren Martin Luther, Johannes Calvin, Huldrych Zwingli, Philipp Melanchthon, Martin Bucer, Zacharias Ursinus und Johannes Bader sowie des Schwedenkönigs Gustav Adolf.

In die 1960er- und 1970er-Jahre fallen das 900. Weihejubiläum des Domes 1961, die Auffindung eines Fragmentes der Ulfilas-Bibel (Codex Argenteus) im Speyerer Dom 1971 sowie im selben Jahr die Anbringung des neuen Hauptportals des Domes, gestaltet von Toni Schneider-Manzell.

Unter dem Leitwort »Christus lebendiger Grundstein – Wir lebendige Kirche« fanden 1980 die Feierlichkeiten zum 950. Grundsteinjubiläum des Domes statt. Der Besuch des Papstes Johannes Paul II. 1987, Edith Steins Selig- und Heiligsprechung 1987 bzw. 1998, die Feier des Christus-Jubiläums im Millenniumsjahr 2000 und die Seligsprechung des pfälzischen Sozialapostels und Ordensgründers Paul Joseph Nardini

2006 waren für die katholische Kirche und die Stadt herausragende Ereignisse.

Mit der »Initiative 2000«, die auf eine geistliche Erneuerung der Gemeinden zielte, bereiteten sich die Diözese Speyer und die Evangelische Kirche der Pfalz seit 1997 gemeinsam auf das Christus-Jubiläumsjahr 2000 vor. Diese ökumenische Kooperation im Blick auf 2000, die für Deutschland einmalig war, mündete im Jubiläumsjahr in ein gemeinsames Festprogramm ein, dessen Höhepunkt das »ChristFest 2000« am Pfingstsonntag war.

Anlässlich des Ökumenischen Kirchentags in Speyer am 23./24. Mai 2015 (Pfingstsamstag und -sonntag) kamen rund 22.000 Besucher aller Konfessionen auf die »Kirchenmeile« zwischen Dom und Altpörtel. Mit Gottesdiensten, Podiumsdiskussionen, der Präsentation von kirchlichen Einrichtungen und Hilfsdiensten sowie des ehrenamtlichen Engagements zeigten die Kirchen das Spektrum ihrer Tätigkeiten; es wurde aber auch deutlich, dass sie im Hinblick auf Ökumene künftig mehr wagen wollten. So unterzeichneten Bischof Dr. Karl-Heinz Wiesemann und Kirchenpräsident Christian Schad in dem von 4000 Gläubigen besuchten, von Geistlichen aus neun christlichen Konfessionen gemeinsam gestalteten Abschlussgottesdienst im Domgarten den »Leitfaden für das ökumenische Miteinander«. Er soll den Pfarreien in der Pfalz und der Saarpfalz künftig als Wegweiser zu mehr Gemeinsamkeit dienen.

Unter dem Leitwort »Seht, ich mache alles neu« (Offb. 21,5) beging das Bistum Speyer an Pfingsten 2017 das Jubiläum seiner Neugründung vor 200 Jahren. Die Feierlichkeiten wurden am Pfingstsonntag, dem 4. Juni 2017, mit einer ökumenischen Vesper im Dom eröffnet, die im Jahr des Reformationsgedenkens die ökumenische Verbundenheit von Bistum und Evangelischer Kirche der Pfalz zeigte. Im Mittelpunkt des Jubiläums stand das Pontifikalamt am Pfingstmontag, dem 5. Juni, im Dom. Nach alter Tradition wurde der Domnapf mit Wein gefüllt, der nach dem Gottesdienst ausgeschenkt wurde. Am Nachmittag öffneten verschiedene Dienststellen des Bischöflichen Ordinariats sowie mehrere kirchliche Häuser und Einrichtungen rund um den Dom interessierten Besuchern ihre Türen.

Die Entwicklung des Bistums in den letzten zwei Jahrhunderten war durch das Spannungsverhältnis von Restauration und Innovation geprägt. Wie kaum ein anderes Bistum in dieser Zeit musste es neue Wege gehen, wie der Regensburger Kirchenhistoriker Klaus Unterburger in einem Vortrag im Rahmen des Jubiläums am 16. Mai 2017 im Historischen Ratssaal in Speyer ausführte. Eine Ausstellung im nördlichen Seitenschiff des Doms zeigte wichtige Stationen der Bistumsgeschichte, genauer: der letzten 200 Jahre. Immer stärker bildete sich eine neue Gestalt von Kirche heraus, in deren Mitte die Verkündigung, die Seelsorge und die Sorge um die Schwachen standen. Vieles hat sich im Laufe der Zeit geändert: Ämter und Strukturen, aber auch das Verhältnis von Kirche und Staat. Das geistliche Leben und das soziale Engagement des Bistums haben ebenfalls vielfältige Veränderungen erfahren. Wechselnde Baustile der kirchlichen Gebäude geben ebenfalls Zeugnis von der Entwicklung des Bistums in den vergangenen zwei Jahrhunderten.

Anlässlich des Jubiläums seiner Neugründung gab das Bistum Speyer dem Chawwerusch Theater Herxheim den Auftrag, ein Theaterstück, das an die Anfänge des neu gegründeten Bistums und seine Entwicklung in den ersten 50 Jahren seines Bestehens erinnert, zu schaffen. Das Stück »Wer die Wahrheit tut – Scheidewege des neuen Bistums« wurde während der Monate Mai und Juni 2017 in allen Dekanaten des Bistums mit großer Resonanz aufgeführt.

Die Stadt Speyer ist von der Gemeinschaft Evangelischer Kirchen in Europa (GEKE) mit dem Titel »Reformationsstadt Europas« ausgezeichnet worden. 2017, im Jubiläumsjahr »500 Jahre Reformation«, war sie Teil des »Europäischen Stationenweges«, der von Italien und England bis Finnland und Polen die Menschen in den Städten und Kirchen Europas miteinander verband. Kultur- und Diskussionsveranstaltungen, ein Geschichtenmobil, ein Musicalprojekt sowie eine von der Tageszeitung »Die Rheinpfalz« und dem Evangelischen Kirchenboten initiierte Veranstaltungsreihe »Aus Liebe zur Wahr-

Der Innenraum der Dreifaltigkeitskirche.

heit – Speyerer Thesen zur Reformation« erinnerten an das Reformationsgeschehen und zeigten die aktuelle Relevanz der historischen Ereignisse von Protestation und Reformation auf.

Nach aufwändiger Innensanierung wurde die 300 Jahre alte Speyerer Dreifaltigkeitskirche mit einem Festgottesdienst am 23. Oktober 2017 wiedereröffnet. Während der zweijährigen Renovierung war die als »Juwel lutherischen Barocks«

geltende Kirche mit ihren kostbaren Wand- und Deckengemälden geschlossen. Neben den Zuwendungen von Bund, Land, Stadt, der Deutschen Stiftung Denkmalpflege und der pfälzischen Landeskirche hatten der Bauverein Dreifaltigkeitskirche und die Kirchengemeinde, insbesondere aber auch das bürgerschaftliche Engagement der vielen Spender und Paten für die Decken- und Emporengemälde zur Finanzierung der Restaurierungsarbeiten beigetragen. Am Reformationstag 2017 konnte der zentrale Festgottesdienst für Rheinland-Pfalz anlässlich des 500-Jahr-Jubiläums der Reformation in der neu renovierten Dreifaltigkeitskirche stattfinden.

Das Jubiläum der 200. Wiederkehr der pfälzischen Kirchenunion feierte die Evangelische Kirche der Pfalz 2018 in mehreren Veranstaltungen, die überwiegend nicht an ihrem Behördensitz in Speyer, sondern an historischer Stätte im Herzen Kaiserslauterns stattfanden. Die Frühjahrssynode im Mai 2018 (Alte Eintracht, Kaiserslautern) befasste sich in Vorträgen und Podiumsdiskussion mit den Wurzeln und der Zukunft ihrer Unionskirche. Höhepunkt des Jubiläumsjahrs waren das für die Bürgerinnen und Bürger ausgerichtete Festwochenende vom 7. bis 9. September 2018 mit Festgottesdienst in der Kaiserslauterer Stiftskirche und anschließendem Festakt im dortigen Pfalztheater. In seinem Festvortrag vor rund 600 Gästen aus Politik, Kirche und Gesellschaft appellierte der ehemalige Bundespräsident Joachim Gauck, Verantwortung zu übernehmen und die Demokratie zu schützen. Die Kirchenunion habe nicht nur eine echte presbyterial-synodale Basiskirche geschaffen, sondern gelte damit auch als Baustein der deutschen Demokratiegeschichte.

Besuch hoher Staatsgäste in Speyer

Der in Ludwigshafen beheimatete und dort auch verstorbene ehemalige Bundeskanzler Helmut Kohl lud während seiner Amtszeit immer wieder hohe Staatsgäste nach Speyer ein und führte fast alle bedeutenden Staatsgäste durch die von ihm als seinen »Heimatdom« angesehene Speyerer Kathedrale. Am eindrucksvollsten waren ohne Zweifel der Besuch des Friedensnobelpreisträgers und Staatspräsidenten der Sowjetunion Michail Gorbatschow, der 1990 Stadt und Dom besuchte, sowie – nach Ende der Amtszeit Kohls – die Anwesenheit des ehemaligen polnischen Gewerkschaftsführers und Friedensnobelpreisträgers Lech Walesa 2004.

Das Besucherbuch des Domes verzeichnet des Weiteren eine imposante Reihe prominenter Namen, darunter z. B. der Ministerpräsident der Volksrepublik China Zhao Ziyang (1985), der französische Premierminister Jacques Chirac (1985), die englische Premierministerin Margaret Thatcher (1989), der Präsident der USA George Bush sen. (1990), der Präsident der Tschechischen Republik Václav Havel (1993) sowie König Juan Carlos I. und Königin Sofia von Spanien (1997). Auch die Verabschiedung Helmut Kohls nach 16 Jahren Amtszeit als Bundeskanzler, die mit einem Großen Zapfenstreich der Bundeswehr 1998 in Speyer begangen wurde, fand unter großem öffentlichen Interesse vor der Kulisse des Doms statt.

Mit diesen Ereignissen konnten die Speyerer des ausgehenden 20. Jahrhunderts nicht nur bisweilen nachempfinden, was frühere Stadtbewohner im Spätmittelalter wohl bei Reichstagen und ähnlichen Ereignissen empfunden haben mögen. Auch der Tourismus, der im neuen Jahrhundert zu einer wichtigen Branche im städtischen Wirtschaftsleben geworden ist, hat dadurch wesentliche Impulse erhalten.

STÄDTEPARTNERSCHAFTEN

Nach den Städtepartnerschaften mit dem englischen Spalding (1956) und dem französischen Chartres (1959) wurden weitere Partnerschaften mit dem russischen Kursk und dem italienischen Ravenna (1989), mit dem polnischen Gnesen (1992) und der israelischen Stadt Yavne (1998) geschlossen. Seit 2001 gibt es eine Partnerschaft zu Ruanda, dem Partnerland von Rheinland-Pfalz: zuerst zur Stadt Karengera, dann – nach einer Kommunalreform in Ruanda, bei der die alten Stadtbezirke aufgelöst und neue, größere »Districte« gebildet wurden – zum District Rusizi (vormals Impala). Mit dem chinesischen Ningde, Speyers Kooperationsstadt in der rheinland-pfälzischen Partnerprovinz Fujian, ist 2013 ebenfalls eine Städtepartnerschaft geschlossen worden.

Nach seinem Tod am 16. Juni 2017 wurde Helmut Kohl mit einem Trauerakt der Europäischen Union in Straßburg geehrt. Über seine Heimatstadt Ludwigshafen gelangte sein Sarg zur Totenmesse in den Speyerer Dom. Nach einem großen militärischen Ehrengeleit vor der Kathedrale wurde Kohl auf dem Friedhof des Domkapitels beigesetzt.

Krankenhäuser und Soziales

In Speyer gab es bis vor wenigen Jahren drei Krankenhäuser: das Krankenhaus der Evangelischen Diakonissenanstalt (gegr. 1907) mit Kinderkrankenhaus und zahlreichen angehängten Fachschulen und anderen Ausbildungseinrichtungen, seit 1997 mit Hospiz, sowie das Krankenhaus der Stiftung Bürgerhospital und schließlich das St.-Vincentius-Krankenhaus der Niederbronner Schwestern (gegr. 1905). Das Krankenhaus der Evangelischen Diakonissenanstalt und das Stiftungskrankenhaus fusionierten im Zuge des sich verändernden Gesundheitswesens 2004 zu einer einzigen Klinik mit zwei Standorten, dem Diakonissen-Stiftungs-Krankenhaus Speyer. Der Träger dieses größten regionalen Krankenhauses sind die Diakonissen Speyer. Dieses seit 2019 so bezeichnete Unternehmen unterhält zudem das Diakonissenkrankenhaus Mannheim, eine Vielzahl weiterer Einrichtungen und – seit der im Dezember 2018 unterzeichneten Fusion der Diakonissen Speyer-Mannheim mit dem Landesverein für Innere Mission in der Pfalz e.V. am 1. Januar 2019 – auch das Evangelische Krankenhaus in Bad Dürkheim. Es ist Arbeitgeber für 6000 Mitarbeitende an 16 Standorten in der gesamten Pfalz, Nordbaden und dem Saarland, die in mehr als 30 Einrichtungen in den Bereichen Krankenhaus, Alten- und Jugendhilfe, Menschen mit Behinderung, Hospiz und Bildung tätig sind. Das Diakonissen-Stiftungskrankenhaus Speyer konnte in den letzten Jahren mehrfach umgebaut und erheblich erweitert werden. Mit seiner christlichen Prägung führt es die Tradition der Diakonissen weiter. Es zählt heute zu den modernsten und leistungsfähigsten Krankenhäusern der Pfalz.

Das Vincentius-Krankenhaus, die nunmehr zweite Klinik der Stadt Speyer, blickt ebenfalls auf eine lange Tradition zurück. In den vergangenen Jahrzehnten wurde es mehrfach erweitert. Die beiden Speyerer Krankenhäuser ergänzen sich in ihren Aufgabenbereichen. So befinden sich im Diakonissen-Stiftungs-Krankenhaus z. B. die Gefäßchirurgie, Pädiatrie und Gynäkologie, im Vincentius-Krankenhaus die Unfallchirurgie und die Urologie.

Seit 1974 dienen »Essen auf Rädern« (Rotes Kreuz, Caritas, Arbeiterwohlfahrt, Diakonisches Werk und Sozialamt) und die Ökumenische Sozialstation Speyer (Träger: evangelische und katholische Kirchengemeinde sowie Krankenpflegeverein) der Erleichterung des Lebens in der eigenen Wohnung für alte und behinderte Menschen. Es bestehen in Speyer zudem mehrere städtische, kirchliche und private Altenheime und Kinderheime. Eine besondere Attraktion für Kinder ist die Walderholung, die in den Sommerferien für Grundschulkinder, die die erste Klasse bereits besucht haben, durchgeführt wird.

Feste und Vereine

Am jeweils zweiten Juliwochenende, von Freitag bis Dienstag, findet das traditionsreiche Speyerer Brezelfest statt, das wohl größte Volksfest am Oberrhein. Es ist eine recht junge Tradition, die erst 1910 vom Verkehrsverein und auf Anregung zweier Speyerer Bürger ins Leben gerufen wurde. Der »Speyerer Brezelbub«, die Symbolfigur des Festes, ist im Stadtbild gleich zwei Mal an exponierter Stelle vertreten: Zum einen ziert er, in Stein gehauen, den Handwerker-Brunnen auf dem Königsplatz; zum anderen findet er sich in einem Relief auf der Konsole über dem Eingang der Domvorhalle.

Der alljährliche Sommertagszug am Sonntag Laetare, zu dem der Verkehrsverein Speyer seit 1946 einlädt, findet seinen Höhepunkt mit der Schneemannverbrennung auf der Klipfelsau. Jeweils am zweiten Wochenende im September findet das Speyerer Altstadtfest statt. Zwei kleinere Volksfeste sind die Frühjahrs- und Herbstmesse. Auch der Bauernmarkt, der seit

Blick über den Dom auf die Speyerer Altstadt.

Speyerer Brezelbub, Handwerkerbrunnen aus Sandstein (1953), Königsplatz.

1995 alljährlich am dritten Wochenende im September stattfindet, hat seinen festen Platz im Veranstaltungskalender der Stadt. Handwerk, Gartenbau und Landwirtschaft locken tausende Besucher in die Maximilianstraße.

Die Stadt Speyer hat eine sehr große Bandbreite unterschiedlicher Vereine. Sie reicht von dem 1869 wieder begegründeten Historischen Verein der Pfalz e.V. über den 1968 wieder begründeten Kunstverein bis hin zum Verein der Freunde und Förderer der Deutschen Universität für Verwaltungswissenschaften Speyer e.V., dem Dombauverein oder dem Bauverein Gedächtniskirche. Über die hier nur in einer kleinen Auswahl genannten Kultur- und Fördervereine hinaus können sich die Speyerer Bürgerinnen und Bürger in etlichen Traditionsvereinen (Karnevalsvereine und -gesellschaften usw.), Hobbyvereinen (Kleingärtner- und Tierzüchtervereine, Kegelclubs, Philatelistenvereine), Selbsthilfevereinen und Naturschutzvereinen engagieren. Darüber hinaus bestehen in Speyer 38 Sportvereine, die von der Stadt Sportförderungsmittel erhalten bzw. diese beantragen; fast alle sind im Stadtsportverband Speyer e. V. zusammengeschlossen, der die Interessen der Vereine gegenüber der Stadt vertritt. 31 städtische und 16 private Sportanlagen (ohne Sondereinrichtungen wie Schwimmbad, Reitställe usw.) sind vorhanden. Die größte Sportanlage, das Helmut-Bantz-Stadion, wurde nach dem aus Speyer stammenden Turn-Olympiasieger von 1956 benannt.

Der Rotary Club Speyer, der 1963 gegründete Lions Club Speyer und der seit 2009 bestehende Soroptimist International

Club Speyer (SI Speyer) fördern soziale und kulturelle Projekte in der Stadt und darüber hinaus und engagieren sich für humanitäre Dienste.

Der seit 1903 bestehende Verkehrsverein Speyer will den Fremdenverkehr in Speyer fördern und unterstützt die Stadt in vielen Bereichen, vor allem der Kunst und Kultur. Von der Organisation des Brezelfests über die Tourismus- und Kulturförderung bis hin zur Betreuung des Judenhofs arbeiten seine Mitglieder ehrenamtlich. Der Verkehrsverein ist zugleich Herausgeber der »Speyerer Vierteljahreshefte«. Diese seit fast 60 Jahren erscheinende, an die Allgemeinheit gerichtete Publikation beleuchtet sowohl historische Themen zur Stadt als auch aktuelle Ereignisse und das städtebauliche Geschehen.

Stadt mit Zukunft

Heute gilt die Stadt mit über 50.000 Einwohnern als leistungsfähiges städtisches Mittelzentrum im Rhein-Neckar-Dreieck. Die Stadt ist seit Jahrzehnten zum beliebten Ausflugsziel vieler an Kunst, Kultur, Geschichte, Technik und Naturwissenschaft interessierter Besucher geworden. Aber auch das »gastliche Speyer« mit zahlreichen Restaurants und Weinstuben und der unverwechselbaren »Pfälzer Lebensart« vermittelt den Besuchern einen nachhaltigen Eindruck.

Speyer hat einen guten Ruf als attraktive Einkaufsstadt in der Metropolregion Rhein-Neckar. Der Dienstleistungsbereich mit den Behörden, Institutionen und Verbänden übt eine große Anziehungskraft auf die Bewohner der Region aus. So weist die Stadt eine gute Mischung von Industrie, Handwerk, Handel und Dienstleistungsbetrieben auf. Sie darf auch in dieser Hinsicht positiv in die Zukunft sehen, denn fünf voll erschlossene Industrie- und Gewerbegebiete stehen für die Ansiedlung neuer Unternehmen und Firmen von mittlerer Größe zur Verfügung. Neben diesen Faktoren sind es das kulturelle Erbe – eine mehr als 2030-jährige Geschichte –, der hohe Freizeitwert und eine moderne Lebensqualität, die Speyer auszeichnen.

Anhang

Zeittafel

Vorgeschichte	früheste bäuerliche Bevölkerung um 4000 v. Chr., älteste Funde aus jüngerer Steinzeit, Bronzezeit, vermehrt aus der Eisenzeit
220 v. Chr.	keltische Hofsiedlungen
um 10 v. Chr.	Gründung von rund 50 Kastellen zwischen Rhein und Maas durch Drusus, den Stiefsohn des Augustus; darunter auch Noviomagus, das heutige Speyer; später Ausbau und Vergrößerung
1. Jh. n. Chr.	Ansiedlung germanischer Nemeter im Gebiet zwischen Isenach und Bienwald
um 83 n. Chr.	Siedlung Noviomagus zentraler Ort des Nemetergebietes
275 n. Chr.	Alamanneneinfall und Zerstörung des Ortes
342/43	erste Erwähnung eines Speyerer Bischofs (Jesse) auf einer (hinsichtlich ihrer Echtheit umstrittenen) Liste von Teilnehmern der Synode von Sardica (Sofia)
5. Jh.	Zerstörung des Ortes durch Völkerwanderung und Hunneneinfälle
496 bzw. 506	erste Nennung des Namens Spira (nach dem durchfließenden Bach); Speyer fränkische Siedlung
7. Jh.	Gründung einer benediktinisch geprägten Gemeinschaft, benannt nach St. German von Auxerre, im Süden von Speyer
ab 7. Jh.	Speyer als ständiger Bischofssitz belegt
um 665	erste Erwähnung eines Domes
um 800	Baubeginn des karolingischen Domes, vermutlich Gründung der Domschule
838	erster von über 50 Reichstagen in Speyer
946	Markt- und Münzrecht; an die verschiedenen Märkte in der Stadt erinnern noch heute viele Platz- und Straßennamen
969	Otto I., der Große, erhebt den Bischof zum Stadtherrn; Baubeginn der ersten Stadtmauer
10./11. Jh.	Blüte der Domschule mit bedeutenden Lehrern sowie Schülern und einer Schülerin: Balderich von Säckingen, Walter von Speyer, Amarcius, Onulf von Speyer, Gottfried von Viterbo, Hazecha von Quedlinburg
1024	Wahl Konrads d. Ä. zum König; Ausbau Speyers zum neuen salischen Herrschaftszentrum (bisher Worms)
vor 1030	Beginn des salischen Dombaues, Erweiterung der Pläne durch Heinrich III.

152

1061	Weihe des Domes, Entstehung großer Teile der Stadtmauer
1070er-Jahre	Nachweis der ersten jüdischen Familie in Speyer
1084	Bischof Rüdiger Huzmann vergrößert die bereits bestehende jüdische Gemeinde durch Aufnahme vertriebener Juden aus Mainz und Worms; Speyer ist Sitz einer bedeutenden Talmudschule
1096	während der Judenverfolgungen im Rahmen der Kreuzzüge schützt Bischof Johannes vom Kraichgau die Speyerer jüdische Gemeinde
1111	Freiheitsbrief Heinrichs V.
1146	Bernhard von Clairvaux predigt im Dom; Kaiser Konrad III. gelobt, einen Kreuzzug zu unternehmen
1198	zentraler Ort der Königsherrschaft auch in der Stauferzeit; Stadt und Bischöfe (die zeitweise auch kaiserliche Kanzler waren) halten in allen Auseinandersetzungen zum Kaiser; Belohnung: Einrichtung eines Rates durch Philipp von Schwaben als Regent für Friedrich II.
1226	Speyer wird Mitglied im Rheinischen Städtebund
1228	erste Erwähnung des Reuerinnenklosters St. Magdalena (heute Dominikanerinnenkloster); außerdem in der Stadt: Dominikaner, Franziskaner (Caesarius von Speyer), Klarissen, Karmeliter, Augustinereremiten, mehrere Beginenhöfe und viele weitere geistliche Gemeinschaften, Stadthöfe der Zisterzienser von Maulbronn und Eußerthal
um 1230	erstes Speyerer Stadtrecht erlassen, Regierung durch Rat und je zwei Bürgermeister
1245	Kaiser Friedrich II. gewährt die Abhaltung einer regelmäßigen Herbstmesse; wichtigste Handelswaren in dieser Zeit in Speyer: Wein und Tuch
1286	Reichsunmittelbarkeit für die Stadt von Rudolf von Habsburg
1296	Fastnachtsfeiern belegt
1330	Severinsaufstand: Münzer (= Stadtpatriziat) versuchen vergeblich, von den Zünften das Stadtregiment zurückzuerobern; zuletzt mussten Münzer und Hausgenossen selbst eine Zunft bilden, der zwei von 28 Ratssitzen zugestanden wurden
1349	Judenverfolgung, Vorwurf des Ritualmordes, Ermordung vieler jüdischer Gemeindemitglieder und Zerstörung ihrer Häuser, kein Eingreifen Bischof Ottos von Henneberg, dafür schwere Bestrafung der Bevölkerung durch Herzog Otto, den Bruder König Karls IV.
1396	Regierungsantritt Bischof Rabans von Helmstatt (später in Personalunion Kurfürst und Erzbischof von Trier), letzte große Auseinandersetzung um die Stadtherrschaft (bis 1430); Speyer erhält sich seine Freiheit
1450	Dombrand

153

1471	Peter Drach d. Ä. als erster Drucker in Speyer nachweisbar; 1483 folgen Johann und Conrad Hist
1526	Reichstag zu Speyer
1527	Ansiedlung des Reichskammergerichts, Unterbringung im Ratshof, große, auch kulturelle Bedeutung
1529	Reichstag zu Speyer, Bestätigung des Wormser Ediktes, Protestation der Stände, die Luthers Lehre anhängen; Speyer als Gastgeber unterschreibt Mehrheitsbeschluss
1540	Anstellung der evangelischen Prediger Michael Diller und Anton Eberhard durch den Rat der Stadt: Speyer wird lutherisch Gründung einer evangelischen Ratsschule, zunächst im Dominikanerkloster, als Konkurrenz für die bereits im Niedergang befindliche Domschule (Vorgängerin des Humanistischen Gymnasiums)
1544	Reichstag zu Speyer
1570	Reichstag zu Speyer
1581	einzige Hexenverbrennung in Speyer
1597	Einrichtung eines Jesuitenkollegs; Speyer als Station im Werdegang mehrerer wichtiger Vertreter des Ordens (z. B. Athanasius Kircher); Theatervorführungen
1621	Eroberung der Stadt durch spanische Truppen, aber Verschonung vor der Zerstörung, später wieder kaiserlich, zeitweise auch schwedisch
1635	Johann Joachim Becher im Pfarrhaus von St. Georg geboren
1689	Zerstörung der Stadt und ihres Domes im Pfälzischen Erbfolgekrieg am 31. Mai; Flucht der Bürger vorwiegend in das ebenfalls lutherische Frankfurt, Verlegung des Reichskammergerichts nach Wetzlar
1698	erste Ratssitzung seit der Zerstörung, allgemeine Aufforderung zur Wiederbesiedlung
1703	Schlacht am Speyerbach im Rahmen des Spanischen Erbfolgekrieges (Sieg der französischen Truppen über die kaiserlichen drei Jahre später); Verbrennung des Armenhauses vor der Stadt
1716	Eroberung durch Bauern aus dem umliegenden Hochstift
1717	Einweihung der Dreifaltigkeitskirche
1772	Wiederaufbau einer Westfassade des Domes im Barockstil
18./19. Jh.	berühmte Besucher in Speyer; die Dichter Goethe, Eichendorff, Sophie de la Roche u. a. hinterlassen literarische Zeugnisse von Besuchen in der Stadt
1792	Eroberung der Stadt durch den französischen General Custine, später wieder Abzug seiner Soldaten
1794	erneute Eroberung durch französische Truppen, Verbrennung der Einrichtung des Domes, Plünderung der übrigen Kirchen und Klöster, Aufhebung des katholischen Gymnasiums, nach Unterbrechungen französische Besatzung bis 1813/14

1797	Speyer wird Teil des französischen Département de Mont-Tonnerre
1803	linksrheinische Teile des Bistums werden zu Mainz geschlagen
1804	Rettung des Domes vor französischen Bauvorhaben durch den Mainzer Bischof Ludwig von Colmar; Ratsgymnasium wird durch die *École secondaire* ersetzt; Gründung einer privaten Mädchenschule durch die Pfarrerstochter Spatz
1814	Vertreibung der Truppen Napoleons; nach dessen Rückkehr aus der Verbannung: Hauptquartier der Verbündeten mit ihren höchsten Kriegsherren in der Stadt
1816	Speyer wird Hauptstadt des Bayerischen Rheinkreises (später der Bayerischen Pfalz)
1817	Errichtung einer Mädchenschule im Kloster der Dominikanerinnen
1817/21	Wiedererrichtung des Bistums Speyer
1818	Zusammenschluss (Union) der reformierten und lutherischen Christen der Pfalz (nach Abstimmung in den Gemeinden) zur Vereinigten Protestantisch-Evangelisch-Christlichen Kirche der Pfalz, Sitz des Konsistoriums in Speyer; nach Unterbrechung durch die französische Verwaltung Unterrichtsbeginn in der Kgl. Studienanstalt mit Lyceum (später: Humanistisches Gymnasium, heute Gymnasium am Kaiserdom)
1826	Rheinkorrektur durch Oberst Johann Gottfried Tulla; Verzicht auf einen Durchstich bei Speyer (das andernfalls nicht mehr am Rhein läge)
1829	Geburt Anselm Feuerbachs
1839	Errichtung des kgl. katholischen Schullehrerseminars (für Volksschullehrer), 1855 Angliederung einer Seminarschule, 1881 Kgl. Lehrerbildungsanstalt, 1937 Abgang der letzten Seminaristen
1847	erste Fahrten einer Eisenbahn zwischen Speyer, Neustadt und dem aufstrebenden Ludwigshafen; Sitz der Bahndirektion in Speyer, Baudirektor der Bahn: Paul Camille Denis (Namensgeber des Schulzentrums Schifferstadt)
1848	Eröffnung der Paulskirche; Abgeordneter von Speyer: Verleger (»Speyerer Zeitung«) und Landtagsabgeordneter Georg Friedrich Kolb, später Bürgermeister der Stadt (Namensgeber des Schulzentrums in Speyer-Ost)
1849	Revolutionsunruhen auch in Speyer
1852	Bischof Nikolaus von Weis gründet das »Institut der Armen Schulschwestern vom hl. Dominikus«, heute Institut St. Dominikus, um auf die gesellschaftlichen Umbrüche und sozialen Nöte in der Zeit der industriellen Revolution zu reagieren

1853	Neubau der Westfassade des Domes (bis 1857, Baudirektor: Heinrich Hübsch; Ausmalung des Dominneren durch Schraudolph)
1859	Gründung der Evangelischen Diakonissenanstalt (Kaiserswerther Verband)
1879	Gründung einer städtischen Höheren Töchterschule, seit 1967 Hans-Purrmann-Gymnasium
1900	Öffnung der Kaisergräber im Dom
1904	Einweihung der Gedächtniskirche der Protestation
1910	Einweihung des Historischen Museums der Pfalz
1918	Beginn der französischen Besatzung der Stadt (bis 1930)
1921	Gründung der Pfälzischen Landesbibliothek
1923	Besetzung von Post, Rathaus und Pfälzischer Regierung durch Separatisten
1924	Höhepunkt der Separatistenkämpfe in der Pfalz: Franz Hellinger und Ferdinand Wiesmann erschießen den Separatistenführer Heinz aus Orbis im Wittelsbacher Hof und werden bei einer anschließenden Schießerei selbst getötet
1929	400-Jahr-Feier der Protestation
1930	Domjubiläum
1932	Baubeginn der Vorstadtsiedlung Speyer-Nord
1933	Einzug der Nationalsozialisten in Verwaltung und Rat der Stadt
1937	Schließung der Schulen in kirchlicher Trägerschaft bzw. Umwandlung in staatliche Bildungseinrichtungen
1938	Bau der ersten festen Rheinbrücke bei Speyer; Zerstörung der Synagoge; in der Folgezeit Enteignung jüdischer Häuser, Deportation vieler Männer in das KZ Dachau; Ende der jüdischen Schule, die von Kindern aus der gesamten Vorderpfalz besucht wurde
1939	Deportation der jüdischen Bürger Speyers, vorwiegend in das Internierungslager Gurs in Frankreich
1945	Einmarsch amerikanischer Truppen, Sprengung der Rheinbrücke; nach wenigen Tagen Übergang Speyers in die französische Besatzungszone
1947	Errichtung der Hochschule für Verwaltungswissenschaften, heute Universität
1949	Gründung des Staatlichen Studienseminars für das Lehramt an Gymnasien; das Studienseminar für berufsbildende Schulen folgt 1957
1950	Ausbildung der Anwärter des Auswärtigen Dienstes der Bundesrepublik Deutschland in Speyer (bis 1954)
1954	Weihe der Friedenskirche St. Bernhard
1956	Städtepartnerschaft mit Spalding; neue Rheinbrücke
1957	Errichtung eines Neubaus für das Mädchengymnasium der Dominikanerinnen von St. Magdalena in Speyer-West, Benennung nach Dr. Edith Stein

1959	Städtepartnerschaft mit Chartres
1961	feierliches Domjubiläum nach gründlicher Restaurierung; Errichtung der Edith-Stein-Realschule
1970	Gründung des SIL (Staatliches Institut für Lehrerfort- und -weiterbildung)
1981	Dom zu Speyer wird UNESCO-Welterbe
1987	Besuch des Papstes Johannes Paul II.
1989	Städtepartnerschaften mit Kursk und Ravenna
1990	Feier des 2000-jährigen Stadtjubiläums; Speyer hat rund 47.500 Einwohner
1992	Städtepartnerschaft mit Gnesen
1997	Abzug der in Speyer stationierten französischen Truppen
1998	Städtepartnerschaft mit Yavne; Auszeichnung der Stadt mit dem Europapreis für ihre Bemühungen um den europäischen Integrationsgedanken
2000	Ökumenisches »ChristFest 2000«
2001	Partnerschaft zu Karengera/Ruanda; Eröffnung des Kulturhofs Flachsgasse
2006	zum zweiten Mal (nach 1990) Ausrichter des Rheinland-Pfalz-Tages (19.–21. Mai)
2011	»Salierjahr«: Jubiläen Domweihe (1061), Kaiserkrönung Heinrichs V. (1111) und Freiheitsbrief Heinrichs V. (1111); Einweihung der neuen Synagoge Beith-Schalom in Speyer am 9. November
2015	Ökumenischer Kirchentag an Pfingsten (23./24. Mai)
2017	Jubiläum 200 Jahre Neugründung des Bistums Speyer (Pfingsten); Totenmesse im Speyerer Dom für den am 16. Juni verstorbenen Altbundeskanzler Helmut Kohl und Beisetzung auf dem Friedhof des Domkapitels am 1. Juli; Jubiläum 300 Jahre Dreifaltigkeitskirche Speyer, Wiedereröffnung der Dreifaltigkeitskirche nach der Renovierung mit einem Festgottesdienst am 23. Oktober; Jubiläum 500 Jahre Reformation; zentraler Festgottesdienst für Rheinland-Pfalz in der Dreifaltigkeitskirche am 31. Oktober
2018	Jubiläum 200 Jahre Kirchenunion

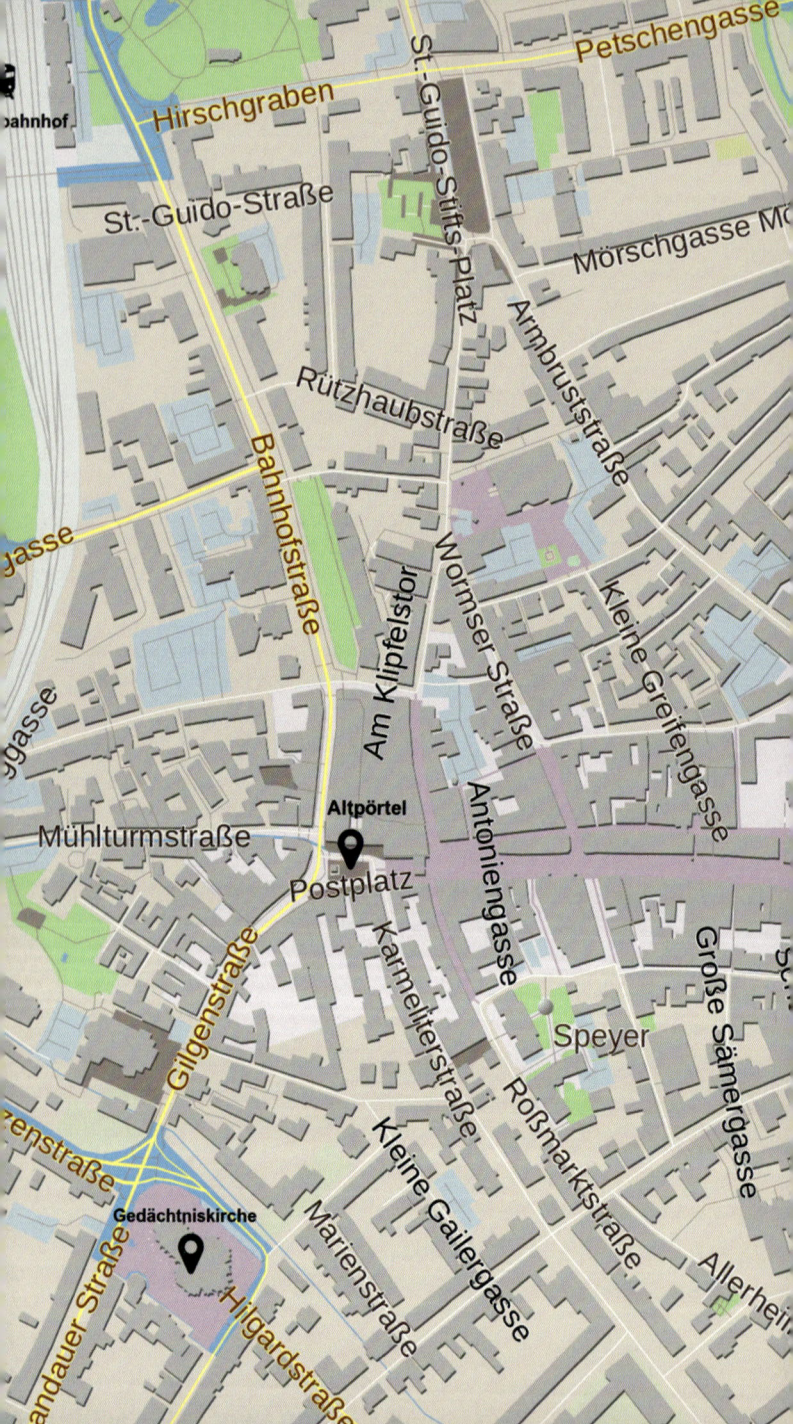

Marie-Wolf-Straße

cke

Schulze-Delitzsch-Straße

Hinterm Esel

Am H

Eselsdamm

Allmendstraße

Bärengasse

Zum Riegel

Löwengasse

Widdergasse

Sonnengasse

Schiffergasse

Farrenturmgasse

Nonnenbachstraße

Salzturmgasse

essagasse

gasse

Mittelsteg

Mittelsteg

Stuhlbrudergasse

Schi

hannesstraße

Bauhof

Dreifaltigkeits-kirche

Maximilianstraße

Dom zu Speyer

Flachsgasse

Kleine Pfaffengasse

Judenbad Mikwe

Judengasse

Historisches Museum der Pfalz

Domplatz

Klipfelsau

Webergasse

Herdstraße

Steingasse

ße

(Ober-)Bürgermeister der Stadt Speyer

Ab 1923 trug das Stadtoberhaupt den Titel »Oberbürgermeister«

Ebelin vor dem Münster	um 1294
Bernhard zur Krone	um 1294
Contze Fritze	um 1390–1409
Hans der Elder Fritze	um 1390–1409
Hensel Muttersteder	um 1390–1409
Friederich Fritze	15. Jh.
Peter Fritze	15. Jh.
Claus von Rinckenberg	15. Jh.
Engel von Rinckenberg	15. Jh.
Conrad Roseler	15. Jh.
Martin Stossel	15. Jh.
Eberhart Meinsheim	15. Jh.
Friedrich Meurer	1531–63
Christman Petsch	1575–93
Haman Petsch	1563–73
Jakob Meurer	um 1689
Jakob Friedel Meurer	um 1689
Johann Paul Fuchs	um 1689
Georg Ernst Rützhaub	um 1689/um 1700
Israel Kümmich	um 1689/um 1700
Johann Peter Schreyer	nach 1700
Johann Conrad Schwanckhardt	nach 1700
»Maire« Karl Ludwig Petersen	1792
»Maire« Johann Adam Weiß	1796–?
»Maire« Johann David Staub	1796–?
»Maire« Franz Freytag	1800–01
»Maire« Johann Adam Weiß	1801–04
»Maire« David Staub	1801–04
»Maire« Ludwig Wilhelm Sonntag	1804–09
»Maire« Georg Friedrich Hetzel	1809–13
Franz Reichardt	1814–19
Georg Friedrich Hetzel	1819–29
Friedrich August Heydenreich	1830–32
Georg Friedrich Hetzel	1833–38
Georg Friedrich Hilgard	1838–43
Georg Friedrich Kolb	1848–49
Georg Friedrich Haid	1859–68
Johann Conradt Eberhardt	1868–74
Georg Friedrich Haid	1875–84
Georg Peter Süß	1885–94
Dr. med. Friedrich Weltz	1894–97

Philipp Serr	1897–1904
Philipp Lichtenberger	1904–11
Dr. Ernst Hertrich	
(1. Berufsbürgermeister)	1911–14
Dr. Otto Moericke	1917–19
Karl Leiling	1919–43
Rudolf Trampler	
(NS-Gau-Propagandaleiter)	1943–45
Karl Leiling	1945–46
Hans Hettinger	1946
Paul Schaefer	1946–49
Dr. Paulus Skopp	1949–69
Dr. Christian Roßkopf	1969–95
Werner Schineller	1995–2010
Hansjörg Eger	2011–18

Mit Stefanie Seiler wurde 2019 erstmals eine Frau zum Stadtoberhaupt Speyers gewählt.

Die Bischöfe des neuen Bistums Speyer

Matthäus Georg von Chandelle	1822–1826
Johann Martin Manl	1827–1835
Prof. Dr. Johann Peter von Richarz	1835–1836
Johannes von Geissel	1837–1842
Nikolaus von Weis	1842–1869
Konrad Reither	1870–1871
Prof. Dr. Daniel Bonifatius von Haneberg	1872–1876
Joseph Georg von Ehrler	1878–1905
Konrad von Busch	1905–1910
Prof. Dr. Michael von Faulhaber	1911–1917
Dr. Ludwig Sebastian	1917–1943
Dr. Joseph Wendel	1943–1952
Dr. Isidor Markus Emanuel	1953–1968
Prof. Dr. Friedrich Wetter	1968–1982
Dr. Anton Schlembach	1983–2007
Dr. Karl-Heinz Wiesemann	seit 2. März 2008

Weihbischöfe des neuen Bistums Speyer

Ernst Gutting	1971–1994
Otto Georgens	seit März 1995

Kirchenpräsidenten der Evangelischen Kirche der Pfalz seit 1920

D. Dr. Karl Fleischmann	1915–1939	Konsistorialdirektor, ab 1921 Kirchenpräsident
Dr. jur. Jakob Friedrich Kessler	1930–1934	Kirchenpräsident
Ludwig Diehl	1934–1945	Landesbischof
D. Hans Stichter	1945	Landesbischof
Dr. Hans Stempel	1946–1964	Kirchenpräsident
Dr. Theodor Schaller	1964–1969	Kirchenpräsident
Walter Ebrecht	1969–1975	Kirchenpräsident
Heinrich Kron	1975–1988	Kirchenpräsident
Werner Schramm	1988–1998	Kirchenpräsident
Eberhard Cherdron	1998–2008	Kirchenpräsident
Dr. h.c. Christian Schad	seit Dezember 2008 Kirchenpräsident	

Ehrenbürger der Stadt Speyer

Das Speyerer Ehrenbürgerrecht wurde erstmals 1832 an Johann von Stichaner (*22.10.1769 Tirschenreuth, † 6.4.1856 München), 1817–1832 Regierungspräsident der Pfalz, verliehen.

Seitdem wurden zu Ehrenbürgern ernannt:

Carl Albert Leopold Freiherr von Stengel (Ehrenbürger seit 23.12.1837): *27.10.1784 Schloss Biederstein bei München, † 5.12.1865, 1832–1837 Regierungspräsident der Pfalz.

Karl Theodor Fürst von Wrede (Ehrenbürger seit 30.4.1841): *8.1.1797 Heidelberg, † 10.12.1871 Linz an der Donau, 1837–1841 Regierungspräsident der Pfalz.

Georg von Jäger (Ehrenbürger seit 11.11.1842): *8.3.1778 Düsseldorf, † 20.11.1863 Speyer, Pädagoge.

Johann von Schraudolph (Ehrenbürger seit 5.2.1853): *13.6.1808 Oberstdorf, † 31.5.1879 München, Maler.

Joseph Schwarzmann (Ehrenbürger seit 5.2.1853): *1.2.1806 Prütz/Tirol, † 18.7.1890 München, Maler.

Anton Nickel (Ehrenbürger seit 12.9.1864): *25.8.1805 Kusel, † 10.3.1874 Speyer, Jurist.

Jakob Freiherr von Hartmann (Ehrenbürger seit 17.3.1871): *4.2.1795 Maikammer, † 23.2.1873 Würzburg, General.

Sigmund Heinrich Freiherr von Pfeufer (Ehrenbürger seit 22.8.1871): *24.2.1824 Bamberg, † 23.9.1894, 1867–1871 Regierungspräsident der Pfalz.

Otto von Bismarck (Ehrenbürger seit 27.2.1895): *1.4.1815 Schönhausen, † 30.7.1898 Friedrichsruh bei Hamburg, Reichskanzler.

Heinrich Hilgard (Henry Villard, Ehrenbürger seit 6.8.1895): *10.4.1835 Speyer, † 12.11.1900 Hudson/USA), Eisenbahnmagnat in den USA und Mäzen.

Adolf Ritter von Neuffer (Ehrenbürger seit 14.4.1909): *30.9.1845 Regensburg, † 1924 Karlsruhe, 1902–1918 Regierungspräsident der Pfalz.

Ludwig Freiherr von Welser (Ehrenbürger seit 14.4.1909): *6.5.1841 Eichstätt, † 26.12.1931 Landgut Neuhofen bei Nürnberg, 1897–1902 Regierungspräsident der Pfalz.

Gabriel von Seidl (Ehrenbürger seit 14.4.1909): *9.12.1848 München, † 27.4.1913 Bad Tölz, Architekt.

William Scharsmith (Ehrenbürger seit 28.6.1923): *14.8.1882, † Januar 1982 Queens, New York, Arzt.

Prof. Dr. med. Friedrich Voelcker (Ehrenbürger seit 9.6.1947): *22.6.1872 Speyer, † 19.3.1955 Immenstadt/Allgäu, Präsident der Deutschen Gesellschaft für Chirurgie.

Hans Marsilius Purrmann (Ehrenbürger seit 2.5.1950): *10.4.1880 Speyer, † 17.4.1966 Basel, Maler, 1919 Mitglied der Preußischen Akademie der Künste, nach politischen Angriffen 1943 Flucht in die Schweiz.

Dr. Bernhard Vogel (Ehrenbürger seit 21.12.2002): *19.12.1932 Göttingen, seit 1965 Wohnsitz in Speyer, Politiker, 1965–1977 Abgeordneter für die CDU im Deutschen Bundestag, 1967–1976 Kultusminister in Rheinland-Pfalz, 1976–1988 Ministerpräsident von Rheinland-Pfalz und 1992–2003 von Thüringen.

Luise Herklotz (Ehrenbürgerin seit 6.9.2003): *20.8.1918 Speyer, † 25.7.2009 Speyer, Politiker, Gründungsmitglied der Journalistenverbandes der Pfalz, 1949–1957 Landtagsabgeordnete für die SPD, 1956–1972 Mitglied des Deutschen Bundestags, 1966–1973 Mitglied des Europarats, 1979–1984 Abgeordnete des Europäischen Parlaments, 1978–1992 Vorsitzende der Arbeiterwohlfahrt in Speyer.

Literatur in Auswahl

Quellen

Christophorus Lehmann, Chronica der Freyen Reichs Statt Speyr, darinn von dreyerley fürnemblich gehandelt ... Franckfurt a. M. 1612; 2. Aufl. 1662; 3. Aufl., vermehrt durch Joh. Melchior Fuchs 1698; 4. Aufl. 1711.

Deutsche Reichstagsakten. Jüngere Reihe. Bd. 7,2: Deutsche Reichstagsakten unter Kaiser Karl V. Bearb. v. Johannes Kühn ²1963 (ND v. 1935), S. 1273–1288: Die erweiterte Protestation.

Alfred Hilgard (Hrsg.), Urkunden zur Geschichte der Stadt Speyer. Straßburg 1885.

Sekundärliteratur

Hans Ammerich, Das Bistum Speyer von der Römerzeit bis zur Gegenwart. Speyer 2011.

Hans Ammerich, Bistum und Hochstift Speyer im Spannungsfeld von Reformation und Katholischer Reform im 16. und frühen 17. Jahrhundert. In: Anette Baumann / Joachim Kemper (Hrsg.), Speyer als Hauptstadt des Reiches. Politik und Justiz zwischen Reich und Territorium im 16. und 17. Jahrhundert (Bibliothek Altes Reich 20). Berlin / Boston 2016, S. 139–167.

Hans Ammerich, Das kirchliche Leben in der Reichsstadt Speyer im Zeichen der katholischen Reform. In: Georg Jenal (Hrsg.), Gegenwart in Vergangenheit. Beiträge zur Kultur und Geschichte der Neueren und Neuesten Zeit. Festgabe für Friedrich Prinz zu seinem 65. Geburtstag. München 1993, S. 31–54.

Hans Ammerich (Hrsg.), Lebensbilder der Bischöfe von Speyer seit der Wiedererrichtung des Bistums Speyer (Schriften des Diözesan-Archivs Speyer 15). Speyer 1992.

Hans Ammerich, Das Verhältnis der Reichsstadt Speyer zum Bistum und Hochstift Speyer vom späten Mittelalter bis zum frühen 18. Jahrhundert. In: Christiane Brodersen / Klaus Bümlein / Christine Lauer, 300 Jahre Dreifaltigkeitskirche Speyer (Veröffentlichungen des Vereins für Pfälzische Kirchengeschichte 33). Ludwigshafen 2017, S. 25–44.

Kurt Andermann (Hrsg.), Bürger, Kleriker, Juristen. Speyer um 1600 im Spiegel seiner Trachten. Ostfildern 2014.

Kurt Andermann, Bürgerrecht. Die Speyrer Privilegien von 1111 und die Anfänge persönlicher Freiheitsrechte in deutschen Städten des hohen Mittelalters. In: Historische Zeitschrift 295 (2012), S. 593–624.

Martin Armgart, Die Stadt Speyer, ihre Bürger und das Reichskammergericht. In: Anette Baumann / Joachim Kemper (Hrsg.), Speyer als Hauptstadt des Reiches. Politik und Justiz zwischen Reich und Territorium im 16. und 17. Jahrhundert (Bibliothek Altes Reich 20). Berlin / Boston 2016, S. 98–113.

Anette Baumann / Joachim Kemper (Hrsg.), Speyer als Hauptstadt des Reiches. Politik und Justiz zwischen Reich und Territorium im 16. und 17. Jahrhundert (Bibliothek Altes Reich 20). Berlin/Boston 2016.

Daniela Blum, Multikonfessionalität im Alltag. Speyer zwischen politischem Frieden und Bekenntnisernst (1555–1618) (Reformatorische Studien und Texte 162). Münster 2015.

Christiane Brodersen / Klaus Bümlein / Christine Lauer, 300 Jahre Dreifaltigkeitskirche Speyer (Veröffentlichungen des Vereins für Pfälzische Kirchengeschichte 33). Ludwigshafen 2017.

Johannes Bruno, Schicksale Speyerer Juden 1800 bis 1980 (Schriftenreihe der Stadt Speyer 12). Speyer 2000.

Johannes Bruno, Die Weisen von Speyer oder Jüdische Gelehrte des Mittelalters an der hiesigen Talmudschule. Ein Gedenkbuch (Schriftenreihe der Stadt Speyer 14). Speyer 2004.

Denkmaltopographie Bundesrepublik Deutschland: Kulturdenkmäler in Rheinland-Pfalz Bd. 1: Stadt Speyer: Bearb. von Herbert Dellwing. Hrsg. im Auftrag des Kultusministeriums vom Landesamt für Denkmalpflege. Düsseldorf 1985.

Anton Doll / Alf Rapp, Speyer. Bild einer Stadt. Speyer ²1980.

Der Dom zu Speyer. Bearb. von Hans Erich Kubach und Walter Haas (Die Kunstdenkmäler von Rheinland-Pfalz Bd. 5), 3 Bände. München 1972 (Die wichtigste Literatur im Textband, S. 3–7).

Wolfgang Eger (Red.), Geschichte der Stadt Speyer. Hrsg. von der Stadt Speyer. Bd. 1 und 2 Stuttgart ²1983, Bd. 3 Stuttgart 1989.

Wolfgang Eger, Speyerer Straßennamen. Ein Lexikon. Speyer 1985.

Caspar Ehlers, Metropolis Germaniae. Studien zur Bedeutung Speyers für das Königtum (751–1250) (Veröffentlichungen des Max-Planck-Instituts für Geschichte 125). Göttingen 1996.

Renate Engels, Zur Topographie der Stadt Speyer von 1689. In: Wolfgang Eger (Red.), Geschichte der Stadt Speyer. Hrsg. von der Stadt Speyer. Bd. 3 Stuttgart 1989, S. 487–547.

Es ist Speier ein alte Stat. Ansichten aus vier Jahrhunderten 1492–1880. Ausgewählt und beschrieben von L. Anton Doll. Mit einem Katalog, Register und Künstlerverzeichnis, bearb. von L. Anton Doll und Günter Stein. Speyer 1991.

Geschichte der Juden in Speyer (Beiträge zur Speyerer Stadtgeschichte Heft 6). Speyer 1981.

Handel und Wandel in einer alten Stadt. Ein Streifzug durch 1500 Jahre Speyerer Wirtschaftsgeschichte. Hrsg. von der Speyerer Volksbank aus Anlaß ihres 100-jährigen Bestehens 1864–1964. Text und Bildauswahl L[udwig] A[nton] Doll. Speyer 1964.

Karl Theodor Hane, Literarische Kulturleistungen des mittelalterlichen Speyer. Phil. Diss. Heidelberg 1934.

Hartmut Harthausen, Geistes- und Kulturgeschichte Speyers vom 16. bis zum 18. Jahrhundert. Wolfgang Eger (Red.), Geschichte der Stadt Speyer. Hrsg. von der Stadt Speyer. Bd. 3 Stuttgart 1989, S. 349–434.

Wolfgang Hartwich, Speyer vom 30jährigen Krieg bis zum Ende der Napoleonischen Zeit. In: Wolfgang Eger (Red.), Geschichte der Stadt Speyer. Hrsg. von der Stadt Speyer. Bd. 2 Stuttgart ²1983, S. 1–113.

Hans Hattenhauer, Der Speyerer Freiheitsbrief vom 7./14. August 1111. In: Archiv für mittelrheinische Kirchengeschichte 63 (2011), S. 39–66.

Clemens Jöckle, Kreishauptstadt Speyer – Bauten aus bayerischer Vergangenheit. Speyer 1984.

Ders., Speyerer Künstler der Vergangenheit. Speyer 1986.

Die Juden von Speyer (Beiträge zur Speyerer Stadtgeschichte Nr. 9). Hrsg.: Historischer Verein der Pfalz – Bezirksgruppe Speyer. Speyer 2004.

Jürgen Keddigkeit [u. a.] (Hrsg.), Pfälzisches Klosterlexikon. Handbuch der pfälzischen Klöster, Stifte und Kommenden. Bd. 4: S – Speyer. Kaiserslautern 2017.

Fritz Klotz / Thomas Rölle, Speyer. Kleine Stadtgeschichte. Für die Zeit nach 1945 fortgeführt von Thomas Rölle (Beiträge zur Speyerer Stadtgeschichte 10). Speyer 52008.

Hans Erich Kubach, Der Dom zu Speyer. Darmstadt ²1976.

Die Kunstdenkmäler der Pfalz. III. Stadt und Bezirksamt Speyer. Bearb. Bernhard Hermann Röttger (Die Kunstdenkmäler von Bayern, hrsg. vom Landesamt für Denkmalpflege. Regierungsbezirk Pfalz III). München 1934 (Die wichtigste ältere Literatur S. 1–28).

Erich Maschke, Die Stellung der Reichsstadt Speyer in der mittelalterlichen Wirtschaft Deutschlands. In: Vierteljahresschrift für Sozial- und Wirtschaftsgeschichte 54 (1967), S. 435–455.

Lenelotte Möller / Hans Ammerich, Die Salier 1024–1125. Wiesbaden 2015.

Karl Rudolf Müller, Die Mauern der Freien Reichsstadt Speyer als Rahmen der Stadtgeschichte (Beiträge zur Speyerer Stadtgeschichte Heft 8). Speyer 1994.

Palatia Sacra. Kirchen- und Pfründebeschreibung der Pfalz in vorreformatorischer Zeit. Mainz. Teil I: Bistum Speyer. Bd. 1: Die Stadt Speyer, bearb. von Renate Engels. Teil 1b: Die Kollegiatstifte s. Germani ep., ss Germani ep. et Mauritii m., ss Johannis evang. et Guidonis ab., s. Trinitatis ac omnium sanctorum. 2009. Teil 2: Pfarrkirchen, Klöster, Ritterorden, Kapellen, Klausen und Beginenhäuser. 2005.

Berthold Roland, Speyer – Bilder aus der Vergangenheit. Impressionen und Profile. Bad Honnef 1961.

Werner Schineller, Die Regierungspräsidenten der Pfalz. Festgabe zum 60. Geburtstag des Regierungspräsidenten Hans Keller am 6. Mai 1980 (Schriftenreihe der Bezirksgruppe Neustadt im Historischen Verein der Pfalz 8). Speyer 1980.

Armin Schlechter / Joachim Kemper / Anja Rasche (Hrsg.), Von der mittelalterlichen »Kuhstadt Speyer« bis zur Dom-Restaurierung 1957/61 (Beiträge zur Geschichte der Stadt Speyer und ihrer Umgebung 1). Ubstadt-Weiher 2018.

Ferdinand Schlickel, Speyer. Von den Saliern bis heute. 1000 Jahre Stadtgeschichte. Speyer 2000.

Alexander Schubert (Hrsg.), Weltbühne Speyer – Die Ära der großen Staatsbesuche. Heidelberg/Ubstadt-Weiher/Basel 2016.

Speyer. Das Vierteljahresheft des Verkehrsvereins in Zusammenarbeit mit der Stadtverwaltung. Speyer 1 (1949) ff. (digital abrufbar unter www.speyer.de)

Günther Stein, Stadt am Strom. Speyer und der Rhein. Speyer 1989.

Ernst Voltmer, Reichsstadt und Herrschaft. Zur Geschichte der Stadt Speyer im hohen und späten Mittelalter (Trierer Historische Forschungen 1). Trier 1981.

Jürgen Vorderstemann (Red.), Speyerer Buchdruck in fünfhundert Jahren. Speyer 1981.

Paul Warmbrunn, Speyer. In: Handbuch kultureller Zentren der Frühen Neuzeit, Städte und Residenzen im alten deutschen Sprachraum. Hrsg. v. Wolfgang Adam / Siegrid Westphal. Bd. 3: Nürnberg – Würzburg. Berlin / Boston 2012. S. 1787–1831.

Carl Weiss, Geschichte der Stadt Speyer. Speyer 1876.

Zeitbilder aus der Geschichte der protestantischen Kirche in der Pfalz von der Reformation bis in die Gegenwart. Redaktionskreis: Traudel Himmighöfer / Werner Schwartz / Gabriele Stüber / Karlheinz Nestle. Speyer 1999.

Register

Personen

169

Orte, Länder und Regionen (allgemein)

Orte (Speyer)

Bildnachweis

akg-images: 69, 116
ARTOTHEK: 63 (© Städel Museum)
Bauverein Dreifaltigkeitskirche: 143
Bildarchiv Preußischer Kulturbesitz: 41
Bistumsarchiv Speyer: 75, 77, 80, 86, 95, 96, 98
Fotolia: 148/149 (Schepers_Photography)
Historisches Museum der Pfalz: 13 (Kurt Diehl/PeterHaag), 82, 84, 89
https://commons.wikimedia.org: 36 (Chris 73 / Wikimedia Commons, CC BY-SA 3.0), 43 (BlueBreezeWiki – Eigenes Werk, CC BY-SA 3.0)
Klaus Landry: 102, 150
Kunstsammlung der Veste Coburg: 71
Stadtarchiv Speyer: 8, 33, 35, 38, 44, 100, 104, 108, 109, 110, 114, 120, 138
ullsteinbild: 107
Wolf Spitzer: 131, 134